郑永田

著

图林深处

广州阿华田和他的图书馆学故事

知识产权出版社

全国百佳图书出版单位

图书在版编目（CIP）数据

图林深处：广州阿华田和他的图书馆学故事/郑永田著. —北京：
知识产权出版社，2018.8

ISBN 978 - 7 - 5130 - 5664 - 9

Ⅰ.①图… Ⅱ.①郑… Ⅲ.①图书馆学—文集 Ⅳ.①G250 - 53

中国版本图书馆 CIP 数据核字（2018）第 147583 号

内容提要

本书从图书推荐、学术写作、图情人物、期刊评论、心情故事、海外图情等方面记录了笔者在新浪博客（"广州阿华田"）中记录的从事图书馆学多年来专业工作和学术研究等方面的经历。该书内容丰富，源于工作实践，可以作为图书馆学界和图书馆业界人士的参考用书，具有一定的借鉴意义和参考价值。

责任编辑：许　波　　　　　　　　　　责任印制：孙婷婷

图林深处——广州阿华田和他的图书馆学故事

TULINSHENCHU——GUANGZHOU AHUATIAN HE TA DE TUSHUGUANXUE GUSHI

郑永田◎著

出版发行：	知识产权出版社 有限责任公司	网　址：	http://www.ipph.cn
电　话：	010 - 82004826		http://www.laichushu.com
社　址：	北京市海淀区气象路 50 号院	邮　编：	100081
责编电话：	010 - 82000860 转 8380	责编邮箱：	xubo@cnipr.com
发行电话：	010 - 82000860 转 8101	发行传真：	010 - 82000893
印　刷：	北京中献拓方科技发展有限公司	经　销：	各大网上书店、新华书店及相关专业书店
开　本：	787mm × 1092mm　1/16	印　张：	17.75
版　次：	2018 年 8 月第 1 版	印　次：	2018 年 8 月第 1 次印刷
字　数：	222 千字	定　价：	56.00 元

ISBN 978 -7 -5130 -5664 -9

序一

郑永田（广州阿华田）博士希望我为他的博文集作序，我半推半就最终还是从了阿兄。半推是因为我觉得自己不是为这本书写序的合适人选；半就是因为广州阿华田博士是当年轰轰烈烈的"图书馆 2.0 运动"的重要参与者，这本博文集正是那场伟大的新图书馆运动的一个历史见证，这点燃了我想写点什么以缅怀那段热火朝天的时光的冲动。

我和广州阿华田结缘于另一场图书馆运动，当时广州阿华田还是一位在读博士生。记得十多年前的一天，我在惠灵顿维多利亚大学图书馆的顶楼阅览室读书。窗外是一个美丽的海湾，碧海蓝天让我忍不住看海而不是看书，那天我却被一本书吸引着，那本书的题目叫作《美国公共图书馆：历史、现状与管理（特别报告）》（*Public libraries in the United States of America：their history，condition，and management. Special report*），那是一部美国公共图书馆报告集，出版于 1876 年，正是美国公共图书馆运动方兴未艾之时。正当我的思绪被牵到 100 多年前大洋彼岸的美洲大陆，沉浸于美国公共图书馆运动先贤们热烈的辩论中时，意外收到了一份署名"广州阿华田"的邮件，邮件里，广州阿华田兄告诉我他正在广州中山大学攻读博士学位，论文题目是关于美国公共图书馆思想的，想问问有什么书可以推荐。我立刻推荐了这本《美国公共图书馆：历史、现状与管理（特别报告）》，因为这是一部研究美国公共图书馆运动最重要的原始材料。不想，广州阿华田兄告诉我他已经托美国的朋友复印了这部书。这让我立刻对这位未曾谋面的朋友刮目相看了，因为此书国内学界知之不多，亦很难寻。以后我们不时聊到这个话题，100多年前的美国公共图书馆运动架起了我们之间友谊的桥梁，而友谊的升华是因为我们共同参与了"图书馆2.0运动"。

这场"图书馆2.0运动"过去十多年了，现在去总结评价这场运动可能还是为时过早，但却到了留步回顾一下的时候了，我想这也是广州阿华田整理出版这本博客文集的缘由吧。在阅读这些博文时，我时常联想起广州阿华田的研究领域——美国公共图书馆发展史。虽然"图书馆2.0运动"和美国公共图书馆运动相隔100多年，但是他们之间依然有一根无形的纽带连结着，这就是图书馆本身的社会功能并没有因为时间的推移而变化。100多年前公共图书馆运动是社会发展推动的，公共图书馆既作为信息传播的媒介保障促进社会信息的自由流通，又成为社会化的教育机构，为新社会培养合格的公民。然而，随着新技术的发展，传统图书馆服务越来越受到来自信息技术的激烈挑战，图书馆到了生死存亡的关头。图书馆是坐等被新技术淘汰还是自我救赎？这成了一个图书馆界同仁必须面对的问题。"图书馆2.0运动"可以说是图书馆的一次自我蜕变的过程。在这个蜕变的过程中，图书馆紧紧抓住新技术，乘上新技术发展的高速列车，继续履行着长期以来肩负的社会功能和历史使命。

这里显然不是全面讨论"图书馆2.0运动"的地方，但是有一个点却是可以在这里说的，那就是图书馆2.0也同时影响了图书馆学术交流的模式。任何学术交流都有两种模式：一种是正式交流，另一种是非正式交流。学术史发展告诉我们，非正式的学术交流对学术研究的推动作用是巨大的，所谓的正式交流过程就是从非正式交流发展起来的。图书馆学专业博客的出现，是图书馆学研究非正式交流模式在新的信息技术条件下的一个革命，它呈现出来的朝气蓬勃，不仅活跃了图书馆学研究，拓展了图书馆学研究的范围，更重要的是重建了图书馆学研究的学术圈。通过新技术平台，年轻一代图书馆学人思想活跃、畅所欲言、热烈交锋，迸发出无限的学术生命力，一扫传统图书馆学研究四平八稳的陈腐之气，从而将图书馆学研究推向一个新境界，而广州阿华田博士正是参与这场运动的佼佼者。

广州阿华田的这本书是国内"图书馆2.0运动"的一个真实记录，阅读这些文章，又把我们带到了那个火热的年代，重温那种学术新生活的快乐。在这本集子中我们既可以读到严肃的学术讨论，又可以读到晃眼的思想火花，更可以读到学术友谊，而这种源自学术辩论的学术友谊，就像美酒，经过岁月的沉淀，味道愈加香醇，让人难以忘怀。

这本集子记录了一场"运动"和广州阿华田他们绚烂美丽的学术青春，让它们永远留在我们的记忆里吧。是为序。

雨僧（林海青）
2018年4月11日于加州圣帕博罗
（林海青，现就职于美国加州大学柏克莱分校东亚图书馆）

序二

作为在北京大学受过教育的人，每为人写序，总颇为纠结。一方面，求学之时，业师王子舟等教授，曾语重心长告诫我们勿给熟人写序，认为此举有违学者人格，易失学术公心，正如顾炎武在《日知录》里所言"人之患在好为人序"。特别是当约序者与自己年龄相仿时，应该学习杜牧在《答庄允书》中的反应，断然表态"今吾与足下并生今世，欲序足下未已之文，固不可也"❶。另一方面，当你翻阅大量文献，发现北大先贤往往又是写序大户，序跋集通常都是全集中不薄的一卷。他们通过序言，鼓舞了一大批学林同道、有志青年走上积极的人生，在相忘于江湖的生存常态中，留下德不孤、道有邻、守望相助的温情，这种由序言构建的文人共同体，又是多么令人神往！

所以，在纠结的最后，构建文人共同体的愿望总是会战胜爱惜自己学者羽毛的顾虑，我总是忍不住拿起笔，再一次为一本新书的出版，献上祝福的心声，猜测着它问世后，可能为这个世界带来的种种美好。

郑永田的《图林深处——广州阿华田和他的图书馆学故事》，对我

---

❶ 王子舟．图书馆学研究法——学术论文写作撮要［M］．北京：北京大学出版社，2017．

而言并不是一本新书，其中的绝大多数文章，最初当作博客帖子发表时，我都一字不落地读过。我这半辈子很少赶时髦，难得的一次赶时髦，是在 2006 年前后，成为图书馆界最早的一批博客写手之一，当时我最担心的是，会不会因为写博客而暴露幼稚、得罪师友、影响发展。但是万万没料到的是，我却成为博客写作的极大受益者，炫才、出书、交友，颇得甜头。在这批神交的朋友中，郑永田是南方兄弟中的代表，其地位在图书馆界的博客中，大概相当于黄飞鸿。每当我沉浸在博客的江湖幻境里，遥望南天，云上的月亮就会幻化成永田光亮的脑门。

永田的随笔文章大概可以分成四类：热血类、纪实类、学术类、混合类。热血类是他点评学术观点、学术生态时略显恣意的表达，比如有的观点，他自知裹挟情绪，不好在论文中写出，但又不吐不快，那就热血一把，发在网上。对评职称时遭遇的不公与委屈，有时他也会仗义执言，为人为己轻声呐喊，这类文章在冷静之后，有时候会悄然拿掉、永不示人。在本书中，《下一站天王——斯波福德》《"2008 感动中国十大人物之竹帛斋主"颁奖词》的情绪都比较激动，大概可以归入此类。纪实类多是他的交友记，去的何地，游的何景，同谁吃饭，同谁喝酒，吃什么，喝哪样，白天与谁游，晚上同谁眠，他都老实巴交地一一记下，完全不经对方审定和同意，偏偏有时他又记不真切，漏掉最好的事物和最美的瞬间，颇令对方懊恼。比如他有一篇文章《王波@北大》，记录到北大访问我的情景，我请他吃的最好的那道菜他却忘记了。学术类属于他的资料集，读书时遇到有用的资料，灵感突发，随手一记；游览图书馆和与图书馆有关的胜迹时，联想到自己的图书馆，一计涌上心头，也会挥洒成文。比如本书中的《美国图书馆史上鲜为人知的一幕——纪念林达·菲尔特先生》《谢拉著作中的中国元素》大概可归入此类。混合类则是一篇文章里，既有学术，又有交游，夹杂激情、调侃。例如《沿着 Doctor Lee 前进的方向》《中国图林很新很新的新人》等文。因为成分复杂，永田的这些文章既有学术价值，又有史料价值，读来可放松心情、了解资讯、增长知识、提升情趣，还是很值得结集出版的。

我读行业内的书，遵循一个原则——欣赏其为人，细读其大著。我之所以爱读永田的文字，甚至追着博客读，首先因为他是一个大好人，我们全家都是他的粉丝。我喜欢他，有很多理由，一是他自强不息、修成正果。他的起点并不高，但经过10多年的不懈努力，终于成为图林名家乔好勤、程焕文的高徒，拿到博士学位，担任华南师范大学图书馆的副馆长，已经出版的博士论文《美国公共图书馆思想研究（1731—1951）》汇通中西，给人以深刻启迪，在业界影响颇大。二是他结社研学、引领有方。他组建的"图林五散人"是图书馆界罕见的学术团体，钻研学术，颇有古风。成员包括他自己和南京大学的谢欢、中山大学的肖鹏、云南大学的黄体杨四位博士，另外一位刘方方潜心实证研究，还是一位在书法、篆刻方面颇具天资的艺术新秀。"图林五散人"皆为图书馆界青年俊彦中的翘楚，堪称学术天团。永田因稍微年长而居带头大哥的地位，带领四位兄弟在图书馆学江湖中桃园结义、学问相长、树标立范、齐头并进，颇展学术带头人的胸襟和才干。三是他敬业爱岗，以馆为家。据去过华南师范大学的朋友告诉我，永田在带人参观图书馆的时候，不是低头捡起一片碎纸，就是随手整理书架，或者帮助同事搬东弄西，完全没有颐指气使的馆长派头，不经意间，流露的都是以馆为家的责任和勤快。四是他孝敬长辈、深爱故土、善待朋友。永田的微信朋友圈里，遇到年节，晒的都是驱车返乡、孝敬长辈、故园合影等内容，凡有朋友到广东，他都热情款待，令人感动。我的夫人和孩子虽然不认识他，但也很喜欢他，经常拿着我的手机看他的朋友圈，主要看他的两位美丽千金大大方方地唱歌、跳舞、弹钢琴的短视频。我也很羡慕他妻子贤惠、孩子可爱的家庭生活，觉得他能把事业、家庭打理得各具精彩，实在了不起。我以为读永田的书应该深入了解他这个人，知人论世，才能读懂读透书中的内容。

永田的文字，大概当初未作出书之想，写得散漫随意，从书稿看，虽然轻松可爱，颇具平日说话、日记的原生态之美。但是若想成为一本好书，统一、规范的空间还比较大，例如外文的翻译、口语的书面化、网络语言的适度采用等，修改起来还需要花点力气。

图书馆员，守卫书的宝山、知识圣殿，理应多写好书、积极献宝。永田出书，为之贺，拉杂几段，充为序。

王　波

2018 年 4 月 26 日于北京大学

（王波，研究馆员，《大学图书馆学报》副主编）

前　言

十年前在新浪开博时，我怎么也想不到，十年后的今天，我写的那些博文，可以结集出版。

记得 2003 年秋季入读研究生之后，有一天，我无意中看见同宿舍的同学，也就是后来闻名遐迩的李书宁（Doctor Lee）在一个社交网站回复用户的帖子，定睛一看，发现原来是 e 线图情的 e 线论坛。他告诉我，他在那里做版主，回答读者提出的各种问题，除了可以和学界的朋友互动交流，还可以拿一些报酬以补贴生活。那时候，网络论坛方兴未艾，我觉得既新奇又神奇，于是就在他的鼓励和指引之下，加入了这个网络论坛，成了 e 线论坛的一名注册会员（当时有两个 ID，分别是 Sinolib 和阿华田）。

论坛里"潜伏"着各色人等，既有高校图书馆馆员，又有公共图书馆馆员，还有一些在校的图书馆学学生、图书馆学专业期刊的编辑以及数个网络管理员。大家畅所欲言，从图书馆管理、读者服务到图书馆学研究，真是无所不谈。2007 年我的那篇在国内图书馆学界和业界引起轰动的论文《国内图书馆学、情报学期刊点评》正是在 e 线论坛首先发布的。论坛里发帖和回帖的气氛非常活跃，加上每月的"论坛之星"有奖评选活动，使它成为国内会员最多、交流最广泛、人气最旺盛的图书馆学专业学术论坛，而我也有幸多次被评为 e 线论坛的"论坛之星"。

那时候，e 线论坛网罗了一大批国内图书馆学新秀，从华北到华南，从华东到西南，都有其会员的分布，我也是在那个时候认识了在中山大学读图书馆学本科的肖鹏（XP）、在云南大学读图书馆学本科的黄体杨（图情牛牍）、在苏州大学读图书馆学本科的谢欢（味斋主人）和在重庆少年儿童图书馆工作的刘方方（Follaw）。五个血气方刚的年轻人因为共同的专业和兴趣而紧紧走在了一起，后来还创建了第一个非正式的图书馆学学术团体"图林五散人"。这个团体的成员近年来在学术研究方面取得了长足的进步，引起了学术界的广泛关注，受到了图书馆学、情报学期刊界的厚爱，堪称图书馆学界的"学术天团"（王波语）。

2006 年 7 月 2 日，我硕士毕业并留在了华南师范大学图书馆工作。大约也是从那个时候开始，博客在中国异军突起，其发展势头远远超过了一些老牌的论坛，特别是新浪博客以其会员的人数、发文的数量和社会的影响而成为国内最大的博客站点。活跃了数年的 e 线论坛慢慢沉寂下来，论坛里面的网友也纷纷转而到新浪等网站开设博客，而我也是大概在 2008 年 2 月开始了新浪博客文章的写作，取名"广州阿华田"❶。

我之前从来没有想过要把我写的博文结集出版，因为那些文章都是自己在工作、学习和生活当中有感而发的一些率性的文字。那时候，新浪在博文发布的过程中，需要作者抽取一些关键词，也就是标签，以利于其对博文的管理和网民对博文的搜索。我写的博文虽然很杂，但根据博文的内容也基本上可以分为"图情札记""图书馆史""图林人物"等几个类别。这些文字都是我在图书馆一线工作中的体验和在图书馆学

---

❶ 关于我为什么叫"广州阿华田"这个问题，我被人问过无数次。我的祖辈是从福建移民到粤北韶关来的，全村人都讲闽南话，而韶关地区又是客家地区，所以我的客家话讲得特好，跟土著客家人没有任何区别。不管是闽南话还是客家话，称呼别人都喜欢带一个"阿"字。于是从小学到高中，同学们都喜欢叫我"阿田"。来到广州学习和工作之后，为了与来自瑞士的麦牙饮料"阿华田"区别开来，我给自己取了一个网名"广州阿华田"。"广州阿华田"这五个汉字是连在一起的，是一个完整的名称，不能把"广州"分开来用"阿华田"称呼我。

研究中的心得和感受。由于我用心打理博客，而且内容的可读性较高，我的博客在学界和业界获得了广泛的关注，成为国内图书馆学界为数不多的访问量超过十万的专业博客之一。

大约到了 2013 年年初，微信以其易用性和贴近生活取代博客成为全球下载量和用户量最多、最火爆的社交工具。写博文的人变得越来越少了，新浪博客圈也变得越来越冷清，许多博客因博主疏于打理而访客寥寥甚至几近荒芜，那些曾经喧嚣的博文也只能静悄悄地躺在博客里，成为一个时代终结的记忆。一些知名的博客写手，把自己多年来写就的博文整理出版，这些风趣幽默、嬉笑怒骂的文字，成为各个学科领域严肃的专业著作的有益补充。图书馆学博客文章的出版，同样极大地活跃了国内图书馆学研究和图书馆事业发展的氛围。而在这些为数不多的图书馆学博文集作者当中，北京大学的王波是其中的佼佼者，他的《快乐的软图书馆学》《可爱的图书馆学》《图书馆学及其左邻右舍》《阅读疗法》的出版，在国内图书馆学界引起了轰动，获得了如潮的好评。王波也以其快乐的文字和幽默的基因成为中国图书馆娱乐圈的鼻祖。

两个月前的某一天，当我在"图林五散人"微信群里征询自己想把博文结集出版的意见时，出乎意料地获得了大家的一致同意和大力支持。我嘱咐他们四位撰写"广州阿华田印象记"，也得到了他们的欣然允诺，这让我惊喜不已，也给了我极大的勇气和信心。这些博文虽然是我在工作、学习和生活中有感而发的率性的文字，但因其真实地记录了当时的人和事，所以从历史发展的眼光来看，颇具史料价值和参考意义，我想还是非常有必要整理出版的。

在序言作者的选择上，颇让我费了一番脑力。我原来还是想跟我的第一本著作《美国公共图书馆思想研究（1731—1951）》一样，请我的硕士生导师乔好勤教授和博士生导师程焕文教授来作序的，可是想想其实并不适宜，一是因为博文并非学术著述，它们只是一些很随意的个人情感和学术观点的表达，让导师来写序言并不合适；二是因为在我的博文当中，涉及了两位导师的内容，包括《恩师乔好勤》和《2008年感动中国十大人物之竹帛斋主颁奖词》，在写这些评论文字之前我并没有征得他们的同意，特别是后一篇博文，是我根据竹帛斋主发起的"图书馆家园——援助图书馆人计划"的历史事实、为博得图书馆界和图书馆学界同仁一笑而撰写的，这些纯属娱乐性质的文字，请导师撰写序言也是不适合的，或许还会让他们觉得我不务正业，这也会让我感到很羞愧和难为情。

于是乎，北大的王波和加州大学的林海青（雨禅、雨僧）两位序言候选人便映入我的眼帘。王波（书骨精）是北大的才子，既具有深厚的专业功底，又具有快乐的基因，他的"'书骨精'王波系列"是迄今为止我国图书馆学界最受喜爱和欢迎的图书馆学随笔，请其撰写序言无疑是最佳的选择之一。因为他年纪与我相仿，也因为他有各方面的顾虑，他也曾犹豫作序这个事情，但是在看了我的博文目录和文字之后，王波欣然答应了我的请求，决心把软图书馆学娱乐到底。

雨禅也是我在图书馆学界的好朋友，在我的学习和研究当中，给了我无尽的帮助。在我攻读博士学位期间，他除了向我推荐经典的西方图书馆学著作之外，还专门发来长文，为我博士论文的写作提出了宝贵的意见和建议。我觉得他是图书馆学术圈中既具有学术功底又具有学术视野的人物，这也是我多年来崇敬他的主要原因之一。当我在微信中向他说明出版博文的计划并向他索取序言时，他只深思了几秒就爽快地答应了我。我想在那几秒当中，他的思想正经历着激烈的斗争：一是因为他觉得他并不是为我的博文集作序的最佳人选，当然中国的文人都比较谦虚，雨禅也不例外；二是因为他觉得非正式交流的博客及其文章是图书馆2.0运动的重要特征和内容之一，他想为那场运动留下些许纪念的文字。于是经过片刻的思考之后，他也欣然答应了。

"图林五散人"中的其他四位为我撰写了热情洋溢的印象记。当中山大学的肖鹏博士第一个发来他的文字时，我紧张得心跳加快，直到第二天才壮着胆打开文档来看。味斋主人是第二个发文字过来的人，他是一个较真的人，他的性情在他的文字当中体现得淋漓尽致。图情牛牍是第三个发来文章的人，他的文字，一如他的为人，纯真而朴实。Follaw是最后一个发文字过来的人，他的文字既具有强烈的感情因素，又不失理性，颇有看头，耐人寻味，读来让人钦佩不已。

在整理博文的过程中，特别是在博文的分类方面，书骨精、图情牛牍、味斋主人给出了良好的意见和建议，只是由于有些博文成分太复杂，实在是不好分类，所以才有了后来的"图情札记""图林人物"和"期刊评论"的粗略分类。我知道，这样的分类肯定是非常不完善的，但是我觉得比不分类眉毛胡子一把抓的情况要好得多。为了便于读者理解，特列出人名与网名对照表，供读者参考。

姓名	郑永田	林海青	王波	程焕文	刘方方	黄体杨	肖鹏	谢欢	刘洪
网名	广州阿华田	雨僧或雨禅	书骨精	竹帛斋主	Follaw	图情牛牍	XP	味斋主人	图乐
姓名	张晓源	李书宁	刘炜	张磊	王福	张新兴	陈清慧	王建冬	徐雁
网名	晓源	Doctor Lee	Keven	ZL	图林小子	星星	一蓑烟雨	瓦格纳	秋禾
姓名	庞弘燊	杨思洛	范并思	唐野琛	顾烨青	钱国富	王启云	蒋永福	柯平
网名	Pang	Young	老槐	MissTang	图匪	钱老板	图谋	蒋心独运	柯大师

我的爱人梁亚清在出版博文集这个事情上给了我极大的鼓励和支持，我曾经让她仔细通读雨禅和王波所做的序言，她觉得写得很美妙，并给予了极高的评价。我的大女儿郑丹妮和小女儿郑丹娜给我的人生带来了巨大的幸福和快乐，虽然有时工作和生活并不如意，但是一回到家看到一双可爱的女儿时，我所有的烦恼和苦闷都会被抛之九霄云外。我的母亲谭会连年逾古稀，但是为了能让我们安心工作减轻我们的后顾之忧，虽然身体不佳，但是仍然尽心尽力地帮我们照顾孩子，让我们既感动又内疚。

图谋（王启云）为本书的出版提出了有益的意见和建议，黄洁晶、周明和彭婷婷也利用休息时间为本书的校对工作付出了努力，知识产权出版社的许波老师为这本书的编辑和出版付出了艰辛和汗水，在此一并表示由衷的感谢。

本书的主要内容是我的新浪博客的博文集，都是我在工作和研究中的一些心得和体会，并非严肃的学术著述。如果本书的出版能为图书馆界和图书馆学界的同仁提供些许的帮助，带来些许的启发，那本书出版的目的和意义就达到了。

生命有限，学海无涯。再过 18 年我就要退休了，我会继续努力，去完成我所未竟的事业。

郑永田

2018 年 5 月 1 日于广州天河

目　录

上篇　图情札记

下篇　期刊评论

上篇

图情札记

国内外图书馆学推荐书目

开列书目本是大学者做的事情，不应当由我们这些小卒子来做。历史上有名的书目包括张之洞的《书目答问》、梁启超的《西学书目表》、康有为的《日本书目志》《桂学答问》、胡适的《一个最低限度之国学书目》、梁启超的《最低限度之必读书目》《国学入门书目及其读法》等。最近刘方方开了一张给大学生的推荐书目，里面的书很杂，而且融入了他的心理学的专业背景，所以对图书馆学人来说，意义不大。

若说图书馆学专业书目，北大吴慰慈教授编撰过一本书，书名叫《图书馆学书目举要》，里面列举的专业书不少，不过百分之九十九是中文的著作，极少有外文的翻译著作，外文原版书一本都没有。因此他那本书更确切地说，应当叫作《中文图书馆学书目举要》。这本书我原来有一本，图林五散人去年在广州聚会的时候被人"拐"走了，具体是哪一个人，我现在也忘记了。

按理说，图书馆学包括图书馆理论、图书馆技术和图书馆史，因此，图书馆学的推荐书目应该包括这三方面的内容才算完整。最近几年，有不少人询问我应该读哪些专业的书籍，这个问题确实很难回复，因为每个人的专业背景和研究兴趣不一样，所以看书的侧重点肯定也不一样。我没有关注过图书馆技术方面的书籍，对图书馆技术知之甚少，因此不知道这方面的好书有哪些；此外，这几年我比较关注国外特别是美国图书馆史相关著作。

下面我尝试列举的图书馆学著作，主要以中英文图书馆学理论和图书馆史为主，并没有收录图书馆技术方面的著作，可能存在片面和不足之处。

1. 黄忠宗《图书馆学导论》

──武大派图书馆学基础理论著作。王子舟的《图书馆学基础教程》从本质上说，是属于武大派的。

2. 吴慰慈《图书馆学概论》

──北大派图书馆学基础理论著作。

3. 于良芝《图书馆学导论》

──"海归派"图书馆学基础理念著作。

4. 谢灼华《中国图书和图书馆史》

──众多著名学者参与编写的中国图书馆史著作。

5. 来新夏《中国图书事业史》

──包括《中国古代图书事业史》《中国近代图书事业史》。我很喜欢台湾严文郁教授编撰的《中国图书馆发展史》还有宋建成的《中华图书馆协会史》。

6. 李希泌、张椒华《中国古代藏书与近代图书馆史料》

──史料异常丰富的图书馆学资料汇编

7. 程焕文《晚清图书馆学术思想史》

──这是程焕文的博士论文。李彭元的博士论文《民国时期公共图书馆思想研究》和潘燕桃的博士论文《近 60 年来中国公共图书馆思想研究（1949—2009）》是这本书的姊妹篇，从时间和内容来看，一脉相承。

8. 范并思《20 世纪西方与中国的图书馆学》

── 一本基于德尔斐法调查而编撰的图书馆学名著。

9. 程焕文《中国图书馆学教育之父沈祖荣评传》

——目前国内笔者所见写得最好的图书馆人物传记（由台湾学生书局出版）。

10. 程焕文《图书馆精神》

——图书馆职业伦理的教科书

11. Jesse H. Shera. *Introduction to Library Science*: *Basic Elements of Library Service*

——张沙丽翻译过这本书，语句还算通顺，个别专有名词的翻译略有不妥，例如把"social library"翻译成了"团体图书馆"；把"subscription library"翻译成把"协作图书馆"。谢拉的老师巴特勒（Pierce Butler）也写了一本书，叫 An Introduction to Library Science，它的标题跟谢拉这本书的主标题一样，我们可以把它翻译成《图书馆学导论》或者《图书馆学引论》。这两本书相比，谢拉的著作更受人欢迎。

12. Jesse H. Shera. *Foundations of the Public Libraries*：*The Origins of the Public Library Movement in New England* 1629—1855

——谢拉享誉世界的博士论文《公共图书馆基础：新英格兰公共图书馆运动的起源》。如果要选出唯一一本最值得一读的国外图书馆学著作，非得选谢拉的这本博士论文不可。

13. United States Bureau of Education. *Public libraries in the United States of America*：*their history*，*condition*，*and management*：*Special report*，*part I*

——历史上最有名的公共图书馆调查报告，由美国教育部组织编撰，1876 年出版，收录了当时美国图书馆界最有名的馆长和学者所撰写的有关公共图书馆的各个主题的论文。雨禅❶曾经说它不是论文集，

---

❶ 雨禅，即雨僧，学名林海青，在网络图林中人称"雨师"。在他向我推荐这本书的时候，他任职于新西兰的一所大学图书馆，目前在美国加州大学伯克利分校图书馆工作。

而我认为它就是一本论文集（这本书的大部分内容我都看过，书后附有全国公共图书馆的调查数据）。

14. Margaret F. Stieg. Public Libraries In Nazi Germany

——雨禅向我隆重推荐的一本书，介绍第二次世界大战期间纳粹德国的公共图书馆事业，你值得拥有。

15. Sidney H. Ditzion. *Arsenals of a Democratic Culture：A Social History of the American Public Library Movement in New England and the Middle States from 1850 to 1900*

——被国人传得神乎其神的一本薄薄的书（真的有那么神吗？我看了一遍，感觉未必）。书名全称是：《民主文化的武器库：1850—1900美国新英格兰和中部各州公共图书馆运动的社会史》。

16. Thomas Greenwood. Edward Edwards, *the Chief Pioneer of Municipal Public Libraries*

——英国著名的图书馆学家爱德华兹的传记。书中最后描述他去世时的那几页内容很精彩——爱德华兹死的时候并没有我们想象的那么悲惨，还有两个女人陪伴在他身边。

17. Wayne Wiegand. *Irrepressible Reformer：A Biography of Melvil Dewey*

——美国著名的图书馆史学家维冈写的杜威传记《抑制不住的改革者：麦维尔·杜威传》。美国图书馆学界有关杜威的传记有四种，这是其中的一种。维冈还写了其他几本有名的书，包括《美国学术图书馆事业领袖》（*Leaders in American Academic Librarianship*，1925—1975）等。

18. Arthur E. Bostwick. *Library and Society*

——由美国著名的图书馆事业家、中美图书馆界友谊的使者鲍士伟主编的《图书馆与社会》论文集。

19. *The Cambridge History of Libraries in Britain and Ireland*

——《剑桥不列颠和爱尔兰图书馆史》，这本书雷声大于雨点（完全是因为剑桥大学出版社的缘故），或者说它是一个标题党，纯粹是骗人的，它只不过是一本论文集。不过想研究英国图书馆史的学者，是不能绕过它的。

20. Arthur E. Bostwick. *The American Public Library.*

——《美国公共图书馆》是鲍士伟博士撰写的享誉美国图书馆界的教科书，这本书一版再版，极受图书馆学专业学生的欢迎。

（2012 年 12 月 24 日）

十本你不能不看的外文图书馆学著作

[按]　曾经有中山大学的师妹和华南师大的师弟询问我开列外文图书馆学著作书目的事情，e 线论坛有网友也发帖征询图书馆学英文图书。以下我所列的书目，只是美国图书馆史文献沧海中的一粟，但对于了解美国图书馆史有着极为重要的意义。现分列出来，并略加点评，供大家参考。

1. C. C. Jewett. Notice of Public Libraries in the United States of America. Washington：Smithsonian Institute，1851

这是 19 世纪上半叶美国图书馆史上最重要的著作之一，也是美国图书馆史上著名的公共图书馆调查报告。朱厄特的目标是提供美国公共图书馆的统计数据。朱厄特在本书中说："我努力搜集具有普遍意义的、历史的、统计的和描述性的信息，以及那些对图书馆组织和管理的人有益的细节。"谢拉在 *The Literature of American Library History* 中指出：

"It should be noted that Jewett was not the first to survey library resources in this country. In 1724 the Bishop of London sent a circular letter to all parish churches in Maryland asking certain questions regarding the church facilities. "

虽然朱厄特并非第一个调查美国图书馆资源的人，但是他的这份报告，却是美国历史上第一次大型的、完整的报告，对美国各个州的公共图书馆进行了详细的调查和统计，类型包括州图书馆、会社图书馆、大学图书馆、学生图书馆、学术和专业学校图书馆、公共学校图书馆等，内容包括图书馆的数量和馆藏等数据，是研究 19 世纪上半叶美国图书馆事业不可多得的珍贵史料。

2. Bostwick A. E. *The American public library*. New York：D. Appleton and company，1910

《美国公共图书馆》是鲍士伟博士撰写的享誉美国图书馆界的教科书，这本书从现代图书馆思想和美国图书馆的产生与发展，到图书馆与州、公众和儿童的关系，图书的选择、购买、分类、编目，再到图书馆建筑、馆员培训、图书馆组织等，全面概述了美国公共图书馆的历史与现状。《美国公共图书馆》一经问世便受到了美国图书馆学界的极大关注与喜爱，一版再版，成为与谢拉博士《公共图书馆基础——新英格兰公共图书馆运动的起源》齐名的美国图书馆史著作。

3. Green S. S. *The Public Library Movement in the United States*（1853—1893）. Boston：The Boston Book Company，1913

《美国公共图书馆运动》是一本回忆录。关于这本书的题名，谢拉有过精辟的评价，说它是"不靠谱的"，也就是我们所说的表里不一，题名和内容不相符：

"In 1913 appeared the reminiscences of Samuel Sweet Green. The title, The Public Library Movement，is deceptive, for it is scarcely more than a chronological presentation of library events during the life of the author. "（Jesse H. Shera，*The Literature of American Library History*）

全书以时间为序，以美国图书馆协会年会和其他重大的事件为线索，以夹叙夹议的方式，详细叙述了从 1853 年在纽约召开的全美馆员大会到 1893 年美国图书馆协会芝加哥会议的全过程。每一次会议，格林都用朴实无华的语言把会议时间、会议地点、与会人员、会议议题、会议成就等——叙述，特别是从 1876 年开始，格林持续不断地参与美国公共图书馆运动并成为美国图书馆协会领导组织中的一员，格林的亲身经历及其对会议和会后的逸闻趣事的描述，为这本书增添了无限的色彩。

4. Shera J. H. *Foundation of the Public Library*：*The Origins of the Public Library Movement in New England*. Chicago：The University of Chicago Press，1949

这是 Shera J. H. 在博士论文的基础上出版的美国图书馆史上重要的图书馆学著作。这本书从新英格兰政治、经济和文化背景出发，阐述了公共图书馆萌芽时期各种图书馆的发展，包括私人图书馆、教区图书馆、会员图书馆、流通图书馆、学区图书馆等，这些不同的图书馆类型，为美国公共图书馆的萌芽和发展创造了重要的基础和条件。

5. Fletcher W. I. *Public Libraries in America*. Boston：Roberts Brothers，1894

这是哥伦比亚大学出版的"哥伦比亚系列丛书"中的第二辑。哥大能把弗莱彻的图书馆学专著与其他学科的著作一起作为系列丛书出版，一方面说明时任阿莫斯特学院图书馆馆长的弗莱彻个人的学术声誉很高，另一方面也说明，美国图书馆学研究在 19 世纪末 20 世纪初取得了很大的发展，在美国人文科学中占有一席之地。

这本书共分为 14 章阐述美国公共图书馆的历史与现状，包括公共图书馆运动的历史与意义、公共图书馆法、公共图书馆与社区、图书馆建筑、分类与编目、图书的选择与购买、馆员的工作与培训、美国图书馆协会、专业图书馆、加拿大公共图书馆、公共图书馆的未来等。这本书在每一章的章名下面都印有国内外的名人名言，如第 10 章"美国图书馆协会"下的名言是杜威发起的美国图书馆协会的座右铭："以最小的代价，为最大多数人，提供最好的读物"（The best reading, for the largest number, at the least cost）。本书的观点鲜明，不失为一本难得的图书馆学著作。再如第 9 章"馆员的工作与培训"中写道："很明显，一个馆员既要有学术能力，又要有管理能力；年轻馆员至少要有大学教育背景，除非花同样多的时间在图书馆工作并有机会学习。"

本书的不足之处在于，没有充分阐述每一个主题，也就是论述不是很到位。例如，第1章"公共图书馆运动的历史与意义"，没有分析美国公共图书馆运动产生的原因，而只是列举了美国公共图书馆发展中比较重要的事件，有以偏概全之嫌。如果能够详细地阐述美国公共图书馆运动的起因、经过及其对美国图书馆事业的影响，那样会更好，更能吸引读者的注意力。

6. Harold Goldstein. *Milestones to the Present*. New York：Gaylord Professional Publications，1978

这是1976年在费城举行的美国图书馆协会（American Library Association）百年庆典的过程中所召开的图书馆史会议的论文集。虽然只有仅仅14篇文章，但是这些文章的作者都是美国当时著名的图书馆史学家。其中的主题丰富多彩，包括知识与自由、图书馆建筑、国家图书馆、妇女与图书馆学教育、地区公共图书馆发展史、阅读史、公共图书馆延伸服务、美国图书馆协会百年历程等。

7. Green S. S. *Library Aids*. New York：Frederick Leypoldt，1883

1883年，格林的《图书馆援助》由出版商雷葆特出版，这是一本著名的享誉美国图书馆界的参考咨询手册。格林宣称此书的目的是把已经出版的《图书馆杂志》和《美国公共图书馆：历史、现状与管理》中的重要文章以适当的标题整合在一起，以使馆员和对建立和维持图书馆感兴趣的人能更好地利用它们。格林从"图书馆立法""图书馆基础""图书馆建筑""通风、取暖与照明""书目""编目""图书的编号、排列与分类""管理""装订""作为教育机构的图书馆""对训练有素的馆员的需求""图书馆与博物馆""公共文件的分配"等13个主题详细列举了已经面世的相关著作和论文。格林对某些论著作了简要的解释和评价并附上了其他学者对这些论著的评论，因此，这实际上是一本供馆员开展参考咨询服务和图书馆馆藏建设用的解题书目。此外，此书还附上了其他组织和个人出版的书目，如"普尔的图书馆参考书""有关阅读的图书和论文""公共和私人图书馆的字典和参考著作""每月参考书目""美国书目""有价值的参考书"等。

8. Herbert B. Adams. *Public Library and Popular Education*. Albany：University of the State of New York，1900

中文翻译为《公共图书馆与民众教育》，这就是美国图书馆史上著名的"亚当斯报告"（Adams Report）。作者从 18 个部分来阐述公共图书馆与公众教育的关系，内容包括社会经济背景、卡内基图书馆、纽约免费图书馆和民众教育的先驱、纽约图书馆的延伸、马萨诸塞公共图书馆运动、新英格兰城镇图书馆的类型、图书馆与社区的协作、历史回顾和当前进展、巡回图书馆、流动的风景和图书馆艺术展、教育俱乐部和图书馆、威斯康星历史学会、公共图书馆和公共学校、图书馆学校、教育书目、馆员的国内和国际影响、图书馆和公众教育选目。可以说，这个调查报告是下了很大功夫的，这也是它受到美国图书馆界推崇的原因。虽然这本书中的内容还存在有待改进的地方，特别是作者只是以马萨诸塞州为个案研究美国公共图书馆运动的起源和发展，存在以偏概全的缺点，但是不可否认，这本书是 19 世纪末 20 世纪初美国图书馆史上最伟大的著作。它的出版，成为美国政府和民众了解美国图书馆发展的重要参考依据，也为美国图书馆的后来发展指明了前进的方向。

9. Spofford A. R. *A Book For All Readers：An Aid to the Collection，Use and Preservation of Books and the Formation of Public and Private Libraries. New York：G. P. Putnam's Sons，1900

1900 年，斯波福德一生中最重要的著作《一本献给所有读者的书：图书的选择、利用与保存及公私图书馆建立指南》出版。仅仅看书名（主标题），你很难判断这是一本关于什么内容或主题的图书——其实它是一本纯粹的图书馆学著作。在这本书中，作者分 27 章阐述了图书馆工作中的方方面面，包括图书的选择、图书的购买、装订的艺术、书架的准备、阅读的艺术、馆员的素质、图书馆史、规章制度、图书分类、图书编目、版权和图书馆等。本书分析到位，阐述精辟，提出了许多具有创造性的见解和主张，如"懦弱的、软弱的、愚蠢的图书通常会造就出懦弱、软弱和愚蠢的脑袋"（Weak and flabby and silly books tend to make weak and flabby and silly brains）等。斯波福德这本极具理论价值与实际指导意义的著作为什么没有得到美国图书馆界的重视呢？笔者认为，最大的原因是这本书的书名有问题，它不应该用这个没有特色而且冗长的书名，而应该直接以带有图书馆名字或符号的声称来命名，如"美国公共图书馆管理"就是一个不错的选择。真的很可惜，如果不是因为书名的问题，这本书要有名得多。

10. Fremont Rider. *Melvil Dewey*. Chicago：American Library Association，1944

20 世纪三四十年代，也就是在杜威去世之后，美国图书馆界曾经掀起过杜威研究的热潮。谢拉曾经对学界过分研究杜威的现象持批评的态度："也许只有心理学家才有资格去研究这个世纪初对杜威过分热心的根源，而这种过分热心却阻碍了图书馆事务中真正专业性东西的发展。"

这本书也是在这个时候写作的。写作从杜威的青少年时期，一直写到杜威在加州去世的整个人生旅程。叙述的结构比较简单，条理比较清晰，基本上是按照杜威对美国图书馆各个领域的贡献来组织材料的，包括十进分类法、图书馆协会、图书馆期刊、女性与美国图书馆事业等。本书的另一个特点是文后附有人名和某些关键词的索引，便于我们查检相关的内容。不足之处是，全文没有一篇参考文献，这是很令人困惑的事情。

（2011 年 6 月 20 日）

国内图书馆学推荐书目

2017 年 12 月 13 日晚上，笔者在云南大学老校区为档案与信息管理系的老师和学生作了《公共图书馆发展史——英美视角》专题讲座。讲座很成功。在讲座的开始，笔者根据之前发布的《国内外图书馆学推荐书目》和《十本你不能不看的外文图书馆学著作》，结合近几年来国内图书馆学界涌现出的重要著作，重新推出了这篇《国内图书馆学推荐书目》。

1. 黄宗忠《图书馆学导论》（1988，2013）

延伸阅读：徐引篪、霍国庆《现代图书馆学理论》（1999）；王子舟《图书馆学基础教程》（2003）；于良芝《图书馆学导论》（2003），《图书馆情报学概论》（2016）；吴慰慈《图书馆学概论》（2008，2017）。

2. 严文郁《中国图书馆发展史：自清末至抗战胜利》（1983）

延伸阅读：谢灼华《中国图书和图书馆史》（1987）；吴晞《从藏书楼到图书馆》（1996）；来新夏《中国古代图书事业史》（1991）和《中国近代图书事业史》（2000）；宋建成《中华图书馆协会史》（1980）；李希泌、张椒华《中国古代藏书与近代图书馆史料》（1982）。

3. 程焕文《晚清图书馆学术思想史》（2004）

延伸阅读：李彭元博士论文《民国时期公共图书馆思想研究》（中山大学博士学位论文，2012）和潘燕桃博士论文《近 60 年来中国公共图书馆思想研究（1949—2009）》（2011）是这本书的姊妹篇；傅荣贤《中国古代图书馆学思想史》（2016）。

4. 郑永田《美国公共图书馆思想研究（1731—1951）》（2015）

延伸阅读：范并思《20世纪西方与中国的图书馆学：基于德尔斐法测评的理论史纲》（2004，2016）；杨威理《西方图书馆史》（1988）；华薇娜《从封建主义到资本主义过渡时期的英国公共图书馆》（南京大学博士学位论文，1997）。

5. 程焕文《中国图书馆学教育之父沈祖荣评传》（1997）

延伸阅读：王子舟《杜定友和中国图书馆》（2002）；翟桂荣《李燕亭图书馆学著译整理与研究》（2016）；谢欢《钱亚新图书馆学学术思想研究》（南京大学博士学位论文，2016）；郑锦怀《中国现代图书馆先驱戴志骞研究》（2017）。

6. 严文郁《美国图书馆界名人略传》（1998）

延伸阅读：宋景祁《中国图书馆名人录》（1930）；候汉清《外国图书情报界名人传略》（1984）；俞君立《中国当代图书馆界名人成功之路》（1996）。

7. 程焕文《图书馆精神》（2015）

延伸阅读：程焕文《竹帛斋图书馆学论剑：用户永远都是正确的》（2008）。

8. 彭敏惠《文华图书馆学专科学校的创建与发展》（2015）

9. 王波《快乐的软图书馆学》（2014）

延伸阅读：王波《可爱的图书馆学》（2014），《图书馆学及其左邻右舍》（2014），《阅读疗法》（2007，2014），《图书馆时尚阅读推广》（2015）。

10. 孟雪梅《中国近代教会大学图书馆研究》（2009）

关于广州阿华田及其他

沉溺于网络无异于堕落，因为它会消耗大量的时间，使一个人懒于看书和写字。在我看来，网络就像鸦片一样，使我们空耗时间，无所事事，乃至一事无成。

自从有了微信，QQ少上了，博客更少上了。个人觉得，微信比博客方便多了，可以随时随地分享自己的心得与体会，省得了博客之类的长篇大论。不过要发长篇文字，若不借助第三方工具，还是觉得博客要好些。

先说说自己吧。在和朋友聊天的时候，他们总会问我在做什么。我也不知道如何回答是好。说我很忙、很上进吧，也不是，至少没有了之前那种冲劲；说我很堕落吧，也不是，我至少每天都会看书、每年都会写些东西。我觉得自己现在的心境渐渐发生了变化，总想着人生苦短，应该尽情地享受生活，不要再过苦行僧式的日子。

再说说"图林五散人"。说实话，我们五个人之间的联系越来越少了，可能是大家都很忙吧，本来这就是一个很松散的组织，要不然怎么称为"散"呢。今年，在刘大主编的号召之下，我们五个人对王波博士的书系作了一番点评（全文请参阅《图书馆论坛》2015年第3期），虽然写得不怎么样，但效果还是可以的，至少经我们五个人一宣传，王波（书骨精）的著作更广为人知了。

对于"图林五散人"来说，2014年最高兴的事情，莫过于图情牛犊荣升老爸的地位。图情牛犊近来风光得意，可谓家庭、学业、事业三丰收，羡煞了许多人。不知道图情牛犊会不会让小图情牛犊读图书馆学专业呢？如果是的话，那图书馆学界日后又会多一位闪闪的星星了。

再说说雨禅。说实话，我这人比较清高，或者说比较孤傲，很少去恭维别人，但雨禅是我最敬佩的人物之一。我觉得，国内绝大多数的专家和教授，学术视野未必能有他开阔。在我博士论文写作的过程中，雨禅给了我很大的帮助，并且曾经给我写过一篇不短的建议。其实，我很想在博士论文出版的时候把它以附录的形式刊登出来。在春节之前，雨禅离开了奥克兰大学，去了美国工作，让我感到很意外。

最后说说学术写作。去年我本来想完成四篇学术论文的，但是因为某些原因——最主要是因为自己的惰性——而没有完成既定的目标。今年我又给自己定了四篇的任务，可是现在已经是四月了，只写了一篇，看来接下来要努力了，还是尽量少上网和玩微信吧。我觉得，懒惰是前进的最大天敌！空想是没有用的，只有自己真正拿起纸和笔，才能离目标更近一些！

再过21年我就要退休了，我想在退休之前把想做的事情和该做的事情做完，不要留有遗憾。

（2015年4月14日）

感觉 Out 了很多年

上午在跟味斋主人聊天的时候，本来想问他《图书馆建设》的投稿邮箱的，可是没有看见他的回答，或许他没有看到我的问题，大概话题又得太开，转得太快，他没有反应过来的缘故。

百度了一下，猛然发现原来早在 2013 年元旦，《图书馆建设》就启用新的在线投稿系统了。看来我真的是 Out 了，突然之间也感觉自己真的很久没有向《图书馆建设》投稿了。记得几年前，当我还是一名博士生的时候，在《图书馆建设》编辑部的盛情邀请之下，我有幸在上面做了一年共 6 期的专栏，成为一名受人羡慕的专栏作者。后来因为各种各样的原因，这个专栏没有继续下去，不过从此对《图书馆建设》萌生了浓浓的感激之情。

既然自己那么喜欢这个杂志，那为什么不赶快注册一个账号呢?!打开杂志社的首页之后，发现它跟《图书馆论坛》等杂志用的是同一个软件，很熟悉的面孔。按部就班注册了账号和密码之后，我进行了一些必要的操作。

转眼间，我已经不再是一位博士生，而变成了一名博士；我也不再是一位只会埋头干活的馆员，而是变成了一位副研究馆员——它的意思是，如果你是一位副的或者正的研究馆员，你就不能整日做那么流水线似的工作，而应该把足够的精力放在专业研究方面。所以，这么多年过去了，我还是那句话："一位在有影响力的专业期刊上发表一篇有见地的文章的馆员，比一位埋头苦干十年的馆员对图书馆的美誉度和知名度贡献更大。"

说得明白一点就是："一头奶牛只会埋头苦干是没有用的，还是要想办法把自己肚子里面的牛奶挤出来给大家喝，这样大家才会认为你是一头好牛。"

（2014 年 8 月 19 日）

一年发几篇文章为宜

一年发几篇文章为宜？这是一个很有趣的问题，也是一个见仁见智的问题。每一个人的工作岗位（对于从事教学工作的人来说，因为空闲时间比较多，可能标准会高一点；而对于从事图书馆工作的人来说，因事务缠身，标准就要低一些）和实际情况不同，因此会给出不同的答案。

今天早上很早就醒来了，从四点钟左右开始思考这个问题；五点多的时候冒着寒冷的天气，爬起来梳理一下思绪。个人认为，对于一个锐意进取的人来说，一年发 4~6 篇为宜。依发文的频率而定，我们可以把所有的人划分为以下几个等次：

四等："我很懒惰"：一年发 0 篇文章。

三等："我还可以"：一年发 1~3 篇文章。

二等："我很勤奋"：一年发 4~6 篇文章。

一等："我很厉害"：一年发 7 篇或以上。

懒惰之人：一年发 0 篇文章。这样的人在图书馆界和图书馆学界不在少数，不过都会为自己找各种各样的借口和理由，例如工作很忙、照顾小孩、家务缠身、身体不好、没有心情、静不下心等。不管是出于什么原因，这类人都需要加油，因为——努力不一定有希望，但不努力一点希望都没有。

普通之人：意即马马虎虎，还过得去，一年发 1~3 篇文章。一年发 1 篇以上文章，这是对一个学者（爱学习的人）最起码的要求。一年发 1 篇文章是什么概念呢？也就是用 90 天的时间查找和消化资料，再用 90 天的时间写作，再用 90 天的时间投稿（因为可能会出现屡战屡败的情况），最后再用 90 多天什么事也不做、焦急地等待文章刊发出来，一年就这样耗费掉了。这一类人当中，好一点的半年发一篇；更好一点的，4 个月发一篇文章。这类人可以往自己的身上贴"我还可以"的标签（当然一年发 1~3 篇《中国图书馆学报》或《大学图书馆学报》的人已经是很厉害的了）。

勤奋之人：这也是我要在这里设立的发文标准，也就是每年发 4~6 篇文章，即每 2 个月或者每 3 个月发 1 篇文章。具体情况如何解释呢：用 4 周的时间查找和消化资料，再用 2 周的时间写作文章，2 周的时间修改、润色和投稿。这类人很勤奋，是绝大多数人学习的榜样。

厉害之人：一年发 7 篇或以上文章。据国内某知名学者的说法，他只需要用 3 周的时间就可以完成一篇论文的写作，包括润色和修改（当然他是从事教学的人）。或许有人会说，这类人以学术研究为乐，除了写作之外就没有什么事可做了。或许还有人会说，追求发文的数量而不是质量是不可取的，但这是见仁见智的问题。

（2014 年 1 月 13 日）

好事年年有，今年特别多

"好事年年有，今年特别多@图林五散人"这句话是图情牛犊在他的QQ宣言中说的。我问他为什么会得出如此结论，他列举了以下几件事情："……我们三个上博士，方方换工作，我（彩云之南的图情牛犊）结婚。"

第一件事是关于我的，我在这里用省略号代替了，因为我觉得，对于像我这把年纪的人来说，取得芝麻这么一丁点的成绩，并不值得夸耀，事实上也没有什么值得自己夸耀的地方。在这一年里，需要感谢的人很多，我都写在我的博士论文后记里面了，写不下的，都埋藏在心底里了——有些人，有些事，并不需要自己说出来，用心体会和用心感受就足够了——你们对我的好，我，感受得到。

第二件事，说说新晋的三个博士，这确实是值得大大庆贺的。图情牛犊刚刚参加工作，我原来以为他是没有那么快考博的。他之前问过我一些情况，想考中山大学的博士生。不过后来他权衡再三，决定考回他的母校云南大学，而且出人意料的是，他选择的竟然是档案学。我个人认为，档案学比图书馆学好多了（我们学校的档案馆馆员就比图书馆馆员收入高），而且因为学档案学的人少，档案学博士更少，我相信，在他博士毕业之后，会有更好的发展机会和平台。

XP是一个才子，我也不想在这里多说，说多了会遭人羡慕、忌妒、恨。只是令人至今难以理解的是，在国内著名的网易上班刚好一年的他，为什么放弃高薪而重新考回图书馆学博士，重新给自己一个不明朗的未来。当然我相信以他的能力和实力，毕业之后能找到一份不错的工作，但是能保证它会比网易公司好吗？没有人敢保证。不过人各有志，别人不好干涉，再说考回图书馆学博士，肯定是有情怀的。

再过来是味斋主人，之前外号"谢十篇"，现在已经向五十篇冲刺了，所以大可以"谢五十"称呼他。谢欢从苏州大学本科毕业之后，毫不犹豫地投奔到南京大学叶继元教授的门下，而且今年9月还实现了硕博连读。让人惊讶的是，在读硕士的短短的时间里，他以极高的效率整理并出版了《钱亚新别集》，学术成绩让人眼前一亮。难怪Follaw要授一个"未来之星"的头衔给他了。

第三件事，来说说Follaw换工作。虽说Follaw是我们当中学历最低的一个，但学历并不能代表什么，而且在我看来，对于勤奋、执着而有些许天赋的人来说，本科学历做学术已经足够了，我想国内每个学科都有很牛的本科学历者，Follaw就是一个这样的人，而且在外人眼里还很不安分守己，居然从公共图书馆"跳槽"到了高校图书馆。我相信，以他的性格，他还会考研究生甚至是博士生的。

第四件事，也是我要在这里大声宣告的，就是图情牛牼要大婚了。如果你以为我们的图情牛牼只会做学术，只是一个书呆子，那你就大错特错了。图情牛牼是一个很会生活很受欢迎的人，因为他人老实，靠得住；因为他有才，是云南大学的才子；还因为他乐于助人，而且还常常甘当护花使者，把他视为偶像的女孩们，不在少数。

图情牛牼的故乡，在美丽的旅游胜地腾冲。我想学界和业界的很多人都去过那个地方，都参观过富有故事和传奇色彩的和顺图书馆。因为年底的原因，图林五散人个个都很忙，忙于学业，忙于工作，忙于家庭，我也不例外。不过结婚是人生的大事，而且这不是一场普通的婚礼，这是未来的图书馆学家和档案学家的婚礼，所以，我和妻子毫不迟

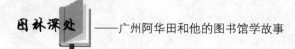

疑地在携程网上订了飞机票，准备见证图情牛犊步入婚姻殿堂的珍贵时刻。

让我们一起来祝福图情牛犊吧！

（2013 年 12 月 18 日）

美国图书馆大事记（专业活动）

[按] 以下有关美国图书馆界专业活动（Professional Activities）的史实，由本人节选并整理自伊丽莎白·斯通（Elizabeth W. Stone）主编的《美国图书馆发展》（*American Library Development*，1600—1899）一书，括号里的注释由本人撰写。

1667 年

Solomon Stoddard 担任哈佛大学图书馆第一位馆员。

1732 年

Louis Timothee 被任命为费城图书馆公司（Library Company of Philadelphia）第一任馆长。

1733 年

本杰明·富兰克林（Benjamin Franklin）代理费城图书馆公司馆长。

（很多人知道富兰克林，知道他创办了"全北美会员图书馆之母"的费城图书馆公司，但并不知道他担任过该图书馆的馆长。）

1754 年

普罗维登图书馆公司（Providence Library Company）概述馆长的职责。

1822 年

William Smith Shaw 制定波士顿图书馆（Boston Athenaeum）馆长

职责。

（波士顿图书馆是一所私人的会员图书馆，成立于 1807 年。它与
1848 年成立的波士顿公共图书馆属于两种性质不同的图书馆。）

1842 年

朱厄特（Charles Coffin Jewett）被任命为布朗大学馆长。

（朱厄特是 19 世纪美国图书馆事业的先驱人物，《美国公共图书馆
通报》（*Notices of Public Libraries in the United States of America*）
作者。）

1852 年

诺顿、格兰特、吉尔曼、吉尔德和朱厄特制订馆员大会计划。

（详情请参阅《图书与情报》2010 年第 2 期《1853 年全美馆员大
会及其历史意义》。）

1853 年

9 月 15 日，全美馆员大会在纽约大学召开。

（1853 年全美馆员大会是美国图书馆史上第一次馆员代表大会，来
自北美 12 个州和哥伦比亚特区的 82 名代表参加了此次盛会。）

1856 年

波士顿图书馆馆长普尔（William F. Poole）任命哈恩登女士（A.
B. Harnden）做他的助理，哈恩登也许是美国图书馆史上的首位女性
馆员。

1869 年

普尔从波士顿图书馆辞职（1868），下海开了一家公司 "Library A-
gent"，成为美国著名的图书馆建设咨询专家。

1876 年

费城馆员大会召开，美国图书馆协会成立。

（详情请参阅《图书馆建设》2010 年第 5 期《1876 年费城馆员大
会及其历史意义》。）

1877 年

赫温斯在哈特佛德（Hartford）召开的 ALA 年会上发言，成为在 ALA 年会上发言的第一位女性。

美国馆员参加伦敦第一届国际馆员大会。

1878 年

《图书馆杂志》呼吁馆员加入美国图书馆协会。

（《中国图书馆学报》是不是也应该呼吁国人踊跃加入“中国图书馆学会”呢？）

1881 年

温沙关于图书馆收藏低级（粗鄙）小说的观点。

（参见《大学图书馆学报》2010 年第 3 期《美国图书馆学家贾斯汀·温沙思想初探》。）

1883 年

杜威雇佣卫斯理学院毕业的 6 名女性（杜威称呼她们为“卫斯理半打”（the Wellesley Half Dozen））协助重组哥伦比亚大学图书馆。

温沙赞扬美国在免费公共图书馆运动中的领袖地位。

1884 年

哥伦比亚大学图书馆经营学院（Columbia College School of Library Economy）成立。

（这是美国图书馆史上第一所图书馆学专门学校。1889 年 4 月 1 日，迁往阿尔巴尼，改名为纽约州立图书馆学院（New York State Library School）。）

1885 年

克特（Charles A. Cutter）提出如何成为馆员的建议。

1887 年

1 月 5 日，哥伦比亚大学图书馆经营学院正式开学，首批学生共 20 人，其中女生 17 人，男生 3 人。

1889 年

哥伦比亚大学图书馆经营学院迁往阿尔巴尼成为纽约州图书馆学院。

（详情请参阅《图书馆》2011 年第 4 期《麦维尔．杜威与美国公共图书馆运动》。）

1890 年

普拉特图书馆学院（The Pratt Institute Library School）成立。

1891 年

7 月 11 日，杜威称病辞去美国图书馆协会主席一职，格林（Samuel S. Green）继任。（注意：是称病，不是因病。）

（"参考咨询工作"（Reference work）一词首次出现在《图书馆杂志》上。）

1892 年

美国图书馆协会采用（杜威创造的座右铭）作为会训："以最少的花费，为最大多数人，提供最好的读物。"（The best reading, for the largest number, at the least cost）。

1893 年

亨利·巴纳德（Henry Barnard）成为美国图书馆协会荣誉会员。

1894 年

布雷特（William H. Brett）强调图书馆在国民教育中的作用。

图书馆教育调查。

1895 年

女性馆员大会在亚特兰大召开，目的是刺激南方图书馆事业的发展。来自马萨诸塞州、宾夕法尼亚州、佐治亚州、亚拉巴马州、那不勒斯州、加州和英国的馆员出席了此次大会。

1896 年

ALA 在克里夫兰召开史上规模最大的会议，共 145 名男性和 217 名女性与会。

达纳（John C. Dana）强调图书馆的公共关系。

1897 年

美国图书馆协会派代表参加伦敦第二届国际馆员大会。

1898 年

美国国会图书馆馆长普特南（Herbert Putnam）赞扬温沙（对温沙致颂词）。

杜威建议图书馆发挥书店的作用。

（杜威的观点总是那么另类。）

（2013 年 7 月 8 日）

疯言疯语

惊闻"味斋主人"要出书了，速度不是一般的快，看来我等是要早点退休了，免得在后辈面前献丑——长江后浪推前浪，世上新人换旧人啊。

图情牛牍也快成为云南大学的博士生了，而且是档案学的博士生，世界真的变得很快，看来他是决心一辈子要与民族档案为伍了。想想当初，他还打算考中山大学和南开大学的图书馆学博士呢。

XP也将要如愿以偿了，放着十几万元一年的高薪不拿，偏偏要到穷酸的高校来过苦行僧般的日子，这不是一般的人可以理解的。人各有志，在这里只能祝福他了。

Follaw似乎也不闲着。他能闲得住吗？除了我还是原地踏步之外，其他的三个人都与时俱进了，出书的出书，读博的读博。Follaw也快步入正轨了，或者说很快就要与高校接轨了。我觉得高校图书馆也不是想象的那样好，跟公共图书馆没有本质的区别。

最郁闷的就是我了。我很担心自己成为普林斯顿街头那个很有才华但却毕不了业的旧书摊老板，一切听天由命吧。命里有时终须有，命里无时莫强求。

再过 23 年我就要退休了，我还要继续努力去追求那些虚无缥缈的梦吗？

人生苦短，善待自己。

（2013 年 5 月 13 日）

镜头之下的美国图书馆界巨头们

　　美国图书馆协会每年的年会在会址的选择上很讲究，可以说是大多数会员的意愿和选择，例如今年在南方，明年在北方，后年在中部，大后年在西部，不会年年在同一个地方举办年会的。

　　1978 年，丹尼斯·托米森（Dennis Thomison）博士的著作《美国图书馆协会史（1876—1972)》（*A History of the American Library Association*，1876—1972）出版。这本书从 1853 年纽约全美馆员大会说起，分美国图书馆协会的成立、建设时期、团结和扩张时期、扩展项目的失败、内部争议、大萧条时期与内部冲突、恢复和预备战争、战争与战后计划、战后发展和重组、适应变革的时代十个部分来阐述美国图书馆协会的主要会议和事件。值得注意的是，这本书书后附有美国图书馆协会历届会议举办的时间和地点，这对于考察和研究美国图书馆协会史具有重要的史料价值和参考意义。

　　另一位记录美国图书馆协会历届年会的重要著作无疑是伍斯特免费公共图书馆馆长格林（Samuel S. Green）撰写的回忆录《美国公共图书馆运动（1853—1893)》（*The public library movement in the United States* (1853—1893)）。格林是美国公共图书馆运动积极的推动者与杰出的领袖，他几乎参加了美国图书馆协会所有的年会。《美国公共图书馆运动（1853—1893)》叙述了从 1853 年纽约全美馆员大会到 1893 年美国图书馆协会芝加哥年会的全过程，包括历次会议时间、会议地点、与会人员、会议议题、会议成就等。格林以亲身经历对会议和会后的轶闻趣事的描述是本书的一大特点，它可以使我们了解美国图书馆协会年会及美国图书馆史上的人物。

1905年，美国图书馆协会俄勒冈波特兰（Portland）会议结束之后，与会人员决定从西雅图乘船去阿拉斯加州旅行，以领略那里的优美风景。美国"现代图书馆事业之父"（Father of Modern Librarianship）麦维尔·杜威、"参考咨询之父"（Father of Reference Work）塞缪尔·格林、美国专业图书馆协会（Special Library Association，SLA）创始人约翰·达纳、1905年时任美国图书馆协会主席欧内斯特·理查森等美国图书馆史上的巨头们纷纷前往，阵容不可谓不强大。

（图片来源：伊利诺伊大学）

杜威在参议此次会议时，身份为纽约州图书馆的领导。也正是在波特兰会议之后，杜威因卷入纽约州政治纷争而退出图书馆行业，专心经营他的休闲度假区"宁静湖俱乐部"（Lake Placid Club）。离开阿尔巴尼之后，杜威仍然念念不忘图书馆事业，邀请纽约州图书馆协会到宁静湖举行会议，成立"宁静湖俱乐部教育基金会"扶持地区图书馆事业和教育事业，继续为美国图书馆事业的发展贡献自己的力量。

当时情景：在美国图书馆协会俄勒冈波特兰（Portland）会议之后，美国图书馆界的领袖人物从华盛顿州的西雅图（Seatle）搭乘轮船前往阿拉斯加（Alaska）旅游。

人物介绍：

（后排左起）达纳（John Cotton Dana）、理查森（Ernest Cushing Richardson）、希尔（Frank Pierce Hill）、卡尔（Henry James Carr）、厄特利（Henry Munson Utley）、安德鲁斯（Clement Walker Andrews）

（前排左起）杜威（Melvil Dewey）、克伦顿（Frederick Morgan Crunden）、格林（Samuel Swett Green）

（2013 年 10 月 10 日）

"感动广州阿华田年度人物！"

  2012，虽说是玛雅人传说中的世界末日，可是玛雅人不是神，即使是神，也不是万能的，也有失误的时候。对于我来说，2012不仅不是世界末日，而且是更美好的新生活的开始。每一个前行的步伐，离不开你们的关心和帮助。没有你们的相伴左右，我不会取得哪怕是一丁点的成绩，我要感谢你们。

  首先应该感谢的是内人小清，为我生了这么可爱的女儿。女儿的出生为我带来了无尽的幸福和快乐，九个多月的她竟然会叫爸爸、妈妈了。在欣喜万分的同时，我也感到了责任的重大。或许对女儿的教育和培养，才是我一生中最大的追求。在女儿面前，任何其他的事情，都是一片虚无缥缈的浮云，显得那么的无足轻重。

  感谢《图书馆论坛》的编辑，感谢图乐兄和晓源老师，让我正式成为了外审专家。外审专家是一个很光荣而又具有挑战性的称呼，肩负着文章复审之后进一步审阅的责任和义务，掌握着文章去与留的大权。因初为人父的原因，编辑部不忍心加重我的工作负担，本年度只审了两篇文章，一篇建议"直接退稿"，一篇建议"修改后录用"，审稿质量受到了图乐兄的好评。我相信自己日后会为中国图书馆学研究的发展，不断贡献自己的一分力量。

  感谢中图学报的编辑，特别感谢吴澍时老师，我相信任何一篇文章的写成，都不是作者一个人完成的，而是作者和编辑部共同努力的结果。2012 年 11 月在广东，我有幸见到了蒋弘副主编，一个魅力十足的美女主编；我还有幸见到了《中国图书馆学报》的外审专家李国新老师和王子舟老师，并跟他们有过简短但愉快的交流，让我受益良多。感谢《图书与情报》的魏志鹏，我还有幸在会场偶遇久仰大名的王景发老师——看来参加中图年会收获很大呀。

感谢乔好勤老师，我很庆幸自己跟了一位这么好的老师。他不仅是自己学术上的良师，更是生活中的益友，就像父亲一样无时无刻不在关心自己。从此我更加坚信了这样的一句哲理：好学校不如好专业，好专业不如好导师。这句话对于已经在读的研究生来说，是普遍适用的真理；而对于即将考研的本科生来说，把它奉为自己行动的指南亦不为过。

在乔好勤老师七十寿宴上，我有幸认识了师兄冯建福馆长，这是我今年感到最幸运的事情之一。我想茫茫人海中能够相识和相知，需要的也许就是我们所说的缘分。2012 年，我还有幸认识了其他师兄和馆长。正是他们，为我的明天带了一束束的光明。如果没有他们，我可能还要在黑暗中摸索着前行，看不到黎明的曙光。

感谢上海大学的刘宇博士，正在 ALA 档案重要保存地之一的伊利诺伊大学香槟分校访学的他，每天去图书馆扫描 30 页纸，花了一周的时间，为我弄到了一整本我心仪已久的 *Raking the historic coals：the A. L. A. scrapbook of* 1876，让我感动不已。从作者霍利（Edward G. Holley）的前言中，我更清楚地了解了 1876 年那一场大会的更多鲜为人知的往事。刘宇博士说回国后最想见傅荣贤和我两个人。我想等明年他回国的时候，我要好好感谢他曾经给予我的莫大帮助。

感谢武汉大学的张新兴博士，在毕业的最后一刻，从国内外文图书馆学收藏最丰富的武汉大学帮我复印了一大堆外文图书馆学资料，让我欣喜若狂。张新兴博士已经正式加盟广州大学图书馆，离我仅有几百米的直线距离，日后我们肯定有更多的合作机会。感谢中科院国家科学图书馆的庞弘燊博士，应邀为我们学校的本科生和研究生做了一场如何利用数据库实现创新检索的精彩讲座。

感谢竹帛斋主的悉心指导，虽然他很忙，但总是想方设法为我抽出一些时间来；感谢潘燕桃师姐、李彭元师兄赠送我博士论文，师姐在百忙之中数次打来电话，对我的论文提出了许多宝贵的意见和建议；感谢师妹罗惠敏对我工作的支持和帮助，应邀为我们学校的学生做了一场精彩无比的学术报告。

感谢书骨精王波、李书宁和徐少同博士在北京的热情接待，感谢雨禅专门为我改签机票绕道广州来看我，感谢"图林五散人"的其他四位（图情牛牥、Follaw、味斋主人、此方月），感谢唐野琛、张书美、周美华、Keven、吴稌年、陈瑛、韩淑举、常青、莫振轩、陈松喜、陈立刚师兄，感谢杨鹤林、程亮、王福、北大的左平熙和吴汉华，感谢师弟师妹们，感谢支持我的领导和同事，感谢 2012 年所有曾经帮助和鼓励过我的人。

再过 23 年我就要退休了，我会继续努力，去完成我所未竟的事业。2012，感谢你们！你们是我心中最伟大的年度人物！

（2012 年 12 月 27 日）

外文资料检索的途径与方法

"好的资料是好的文章的一半!"广州阿华田如是说。

去年冬季在华南师范大学城校区,我应广大同学的要求,在教学楼一栋的某个阶梯教室,主讲了"学术信息资源的检索与利用",听者甚众,好评如潮,课后不断有学生跟我联系,进一步询问文献检索的相关问题。

记得那是去年在接近期末的时候,我和中山大学的 XP(此方月)在大学城校区教学楼五栋,联袂倾情奉献了一场"外文资料检索的途径与方法"专题报告,现场爆满,气氛热烈。直到一年后的今天,当年因为各种原因未能倾听那场讲座的一些研究生,现在见到我还想让我重新开个类似的讲座,可惜今昔非同往日,我已经没有了那个闲情逸致。或许哪一天我有时间和心情的时候,再来一场也说不定。

不过现在网络那么发达,利用网络空间共享资源也是可以的,并不一定非要浪费大家的时间坐在教室里听讲(当然阅读课件与现场听讲的效果是不可同日而语的,而且有些东西不方便在课件里面记录,只能口授;或者说只可意会,不可言传)。这不,我刚才把去年的这个课件上传到新浪爱问共享资料上面去了,而且还是零门槛的信息资源共享——不需要任何的积分就可以下载。欢迎大家前往下载,并提出宝贵的意见和建议。

　　学术信息资源的检索说多了没意思，关键还是要靠自己去练习，去摸索。我记得之前读研究生的时候，跟李书宁（Doctor Lee）住一间宿舍，他每天早上的必修课就是去网上搜搜搜，鼠标吱吱吱地响，每天都在搜索国内外免费电子图书下载网站、国外图书馆资源入口的账号和密码、FTP 资源站点及其密码，等等，让人感到敬佩不已。不得不承认，他的检索技术是一流的，在我的印象中，没有他解决不了的问题，包括计算机方面的技术问题。我们从他身上学到了许多检索知识和搜索技能，他简直就像我们的信息检索专业课老师，他对我们大家的专业学习和影响是深刻而深远的。

　　"只有想不到的，没有找不到的！"广州阿华田一如既往的如是说。

（2012 年 12 月 5 日）

全国图书馆学博士生论坛侧记

　　记忆中，自己从来没有参加过任何全国或者地方的图书馆学年会，一来是因为自己不是很喜欢参加会议，二来是觉得图书馆学会议包括年会没有什么意思。不过此次的图书馆学年会，让我对图书馆学会议有了跟以往不同的看法，觉得并没有想象的那么糟，只要有心和用心学习，还是可以学到东西的。

　　11月22日上午八点多，我从广州大学城出发，先坐地铁到东圃汽车站，再坐长途大巴到东莞总站。到了十点多，汽车到达目的地。师弟陈劲开着他的"宝马"准时来车站接我，然后我们直奔此次年会的主办方东莞图书馆，去会见陈松喜师兄。

　　东莞图书馆的建筑，像一个黑乎乎的豆腐块，没有我当初想象的那么壮丽。在图书馆的大门口，站着许多趁着年会来参观的国内图书馆界同人，不过我一个都不认识。图书馆内部的装饰比较简朴，色彩也很单调，没有中国人民大学图书馆那么富丽堂皇。师兄所在的采编中心面积好大，每个人的办公格位也很宽，里面正在编目的外文书好多，而且采编中心总共只有十多个人，从这些就可以猜测出，东莞图书馆很有钱，图书馆的工作效率很高。

　　从东莞图书馆出来，师兄驱车送我们到东莞会展中心，也就是2012年中国图书馆年会的所在地。我们怀着激动且迫不及待的心情，简直是冲着通过会展的阘道的。会场的展位很多，有超星图书馆的展位、国家数字图书馆的展位、省立中山图书馆的展位、重庆图书馆的展位，等等，也有许多的出版社在里面设点展览。最吸引我们的眼球、至今让我们印象最为深刻的，当属佛山图书馆的展览——红艳艳的一片，宛如过年一样，喜庆极了。我们在展位里面看到有几个媒体的记者正在采访佛山图书馆馆长屈义华，本来想跟他打招呼的，可是怕打扰人家的采访，所以只好作罢。

在会场的大门口，我有幸遇到了《图书与情报》编辑魏志鹏——我知道他要来参加年会，他之前曾经告诉过我，而且捕捉学界的最新信息、与相关的专家和学者约稿，正是他们做编辑的职责，所以他基本上是每届年会都会现身。让我意想不到的是，传说中的著名编辑王景发老师也抽空来到了年会的现场，真是让我喜出望外。很久很久以前，我就跟景发老师打过电话，发过短信，没想到能在距离兰州千里之外的东莞遇见了他。不能不说，这是此次年会带给我的一大惊喜。认识和邂逅学界和业界的名人，我想这也许就是参加年会的价值和意义之所在吧。

我与《图书与情报》的大小"拼命三郎"王景发、魏志鹏合影

中午简单地用餐之后，我们匆匆来到了全国图书馆学博士生论坛会场——这是本次年会让我记忆最深刻的会议。会场就设在展览厅旁边，没有完全隔断，显得极其简陋，而且受展览厅音响的干扰，声音非常嘈杂。不过这并不影响来自全国各大图书馆学博士生培养点的知名博导们和好学的博士生们的热情。在那里，我见到了许多声名如雷贯耳的博导们（许多大博导包括各个学院的掌门人都亲临现场，在此不一一列举），也见到了一些活跃于"图书馆学、情报学博士"QQ 群的博士生们。德高望重的北大资深教授吴慰慈先生为广大博士生做了精彩的报告，为博士生们传授读书治学的门径与方法，只可惜因为会场的声音很吵，他的讲话我们听得不是很清楚。

在博士生论坛的门口，我和导师程焕文教授、肖希明教授、潘燕桃师姐、王景发主编、徐建华教授、魏志鹏、刘方方（Follaw）、莫振轩、陈立刚等学界和业界的人士，以及师兄师姐师弟师妹一起留影，并且在会场中间茶歇的时候，与所有参加论坛的博士生和博导们来了一张合照。只可惜有些相片并不是用我的相机拍的，要取得这些珍贵的照片并不是一件容易的事。

我还有幸见到了《中国图书馆学报》的蒋弘老师、王子舟老师、李国新老师，并且与他们有过短暂但亲切的交流。在与会人员的名单中，以及从他人的口中，我得知著名的图书馆学家范并思教授也来参加了年会，不过我问了几个人，都没有问到他的下落。刘炜（Keven）也在与会人员的名单之列，我也没有见到。

（2012 年 11 月 24 日）

故地重游广东省立中山图书馆书店

7月31日午后，在广州大道南人保大厦办完车险退保手续并坐地铁到"农讲所"与某同行见面之后，我想着那里距离广东省立中山图书馆很近，所以决定去拜访一下《图书馆论坛》的图乐兄，顺便去逛一下久违一年的位于图书馆一楼的那家书店。我拨通了图乐兄的电话，可是没人接听，于是便取消了与他会见的想法，径直向那家书店走去。

书店的入口很不起眼（没有店名，后来才得知叫作"广州市湘天文化传播有限公司"，从字面上看，老板可能是一位湖南人），与广东省立中山图书馆的侧门仅隔了一面墙，进去之后需要经过一条狭长的通道。里面让人豁然开朗，足足有几百平方米之大。首先映入顾客眼帘的，便是那一堵挂满了人物肖像的墙。记得去年7月11日"图林五散人"在广州聚的时候，曾经因为访问论坛编辑部而来过这里淘书，我购得了一本傅雷翻译的书，而味斋主人求得了一本徐雁的毛边本；应书店经理的要求，我还和图情牛牍合过一张影，据说准备挂在墙上展览。

在蔚为壮观的肖像墙旁，我带着兴奋的心情浏览着这些老照片，寻找着我和图情牛牍曾经的身影。照片上的主人既有政界的名人，也有商界的名流，更有艺术界的名家。我想，我和图情牛牍既不是政界名人，也不是商界名流，更不是艺术名家，看来是不可能有照片挂在这墙上了。正当我疑惑之时，在肖像墙头的中央（下数第四排，左起第五

张），我突然看到和图情牛牍的身影，顿时心花怒放。可惜的是，照片中只有我和他两个人，不知道当时其他几个人跑哪里去了，记得图乐兄也进来了的；如果"图林五散人"能在书店来个合照，挂在墙上用作纪念，那是再好不过的了。

墙上我和图情牛牍的合影

书店的书可谓琳琅满目，从哲学到历史学应有尽有，但是大多数是社会科学的书，特别是艺术类的书（主要是书法和绘画），自然科学的书较少，主要是一些计算机技术类的书。我认为比较有特色的书是毛边本，虽然只有一个书架，但也满足了部分顾客好奇心理的消费需求；其次是全见版的摄影和艺术画册很多，看来这个书店可能更适合成年读者；最后是具有各种图案和主题的扑克牌，若是买来，可以让你在娱乐的同时，开拓你的知识和视野。据书店的销售员讲，这个店开张已逾11年，薄利多销，苦心经营——看来做什么都不容易，能够坚持下来，那就是胜利。

我选了天津人民出版社出版的、鲁迅的《朝花夕拾》《呐喊》及林徽因的《你是人间的四月天》三本书，本来想再选多一本郁达夫的文集，因为里面有他写的纪念鲁迅的文章，可是囊中羞涩，只能选买三本，日后有机会再找来阅读。正当我买单的时候，书店里进来了一位风韵而且有内涵的女人，原来她是这个书店的经理肖月华，这让我感到非常的高兴——去年的这个时候，正是在她的建议和要求之下，才有了我和图情牛牍的这张具有纪念意义的照片。在询问了我们的近况之后，肖经理愉快地和我合影留念，并希望我们日后多来她们的店看看，为她们的店多做宣传和推荐给更多的读者。

晚上终于接到了图乐兄的电话。图乐兄说他中午正在开会，不便接听我的电话，并说没能见到我而留有遗憾。我想，什么时候"图林五散人"能再去光顾这家书店，一起来个合影，那是很有纪念意义的事情。不知道这样的愿望何时能够实现。

（2012 年 8 月 3 日）

期刊编辑谈图书馆学论文写作

最近王福（图林小子）正在编写一本书，书名叫《图书情报科研论文写作》。王福兄把他的书稿发给我看，要我帮他提点意见。我觉得文章内容还是不错的，但还是存在着不少需要改善和润色的地方。王福兄这几年的学术进步是有目共睹的，经过他自己的不懈努力，特别是在大家的激励和指导之下，他从先前的只能发普通期刊的状况，蜕变成一年之内在国内图书馆学、情报学核心中发文数篇的写作能手，让人看到了他在学术研究方面的无限潜力和希望。

关于图书馆学论文写作方面的著作，我比较欣赏 2007 年 12 月 1 日由国家图书馆出版社出版的乔好勤的《信息管理学研究方法导论》。该书讲述了学术研究中的论文选题、资料查找以及研究方法等方面的问题，是一部图书馆学科研写作的教科书，值得每一位初涉图书馆学论文写作的读者认真参考和学习。原来乔老师签名送过我一本，不过去年"图林五散人"在广州聚会的时候，我把它转赠给 Follaw 了。

学界有关图书馆学写作的论文不多也不少。以 CNKI 为例，用"图书馆学论文"为题名进行检索，得到 60 条结果，去除不相关的文献，得到如下 27 篇有关图书馆学论文写作方法和技巧方面的文章。这 27 篇文章的写作者不乏专业期刊的主编和编辑，下面向大家推荐 3 位编辑的文章，与大家一起来分享和学习。

1.《关于提高图书馆学论文质量的探讨》

这是中图学报编辑徐苇老师在《图书馆工作与研究》2006 年第 6 期中发表的一篇文章。徐老师性格很直爽，她的文风也体现出了这种特性。文中对图书馆学论文写作中存在的种种现象进行了分析，语言生动，观点独特。徐老师在文中说："编辑要敢于推出新人。一些名不见经传的论文作者，一旦他们写出了高水平的文章，编辑应给予肯定，不应以种种借口推辞掉。所有的专家学者都不是一开始就成为名家的，都经历了一个奋斗的过程。因此，敢于推举和发现新人，这对中国的图书馆事业将是功德无量的事情。"看来徐老师是一位伯乐，正等着千里马一不留神地出现在她的眼前。此外，徐老师还寄语"图书馆学期刊编辑自身要加强学习，不但要学习编辑业务知识，还要掌握图书馆学知识和相关领域的知识。"这也就是我们所说的"学者型编辑"。我们希望国内图书馆学、情报期刊界的学者型编辑越来越多，这对我们的学科发展无疑是有百利而无一害的。

2.《图书馆学论文常见问题举要及其成因辨析》

这是核心期刊《图书与情报》常务副主编王景发老师写的，它很有可能是被《大学图书馆学报》王波老师相中，发在了 2009 年第 4 期上。这是一篇非常有见地的经验之谈，王老师以自己长期做编辑的经历，分析了图书馆学学术论文写作中存在的种种问题，语言犀利，读来让人拍案叫绝。例如："标题最起码的要求就是要避免病句。唯此，才能一免自己受累，二免他人受苦"；"即使创新内容很多、学术价值很高的文章，如果摘要写得不好，文章也会躺在数据库中睡大觉"；"有一部分人，文章写得不错，但不会作摘要，习惯于用定性描述的方法编写摘要"；"前言体现着作者对文章的定位、写作意图和思路。如果没有前言，或者在前言中漫无边际地东拉西扯，往往反映出作者对文章的思考不深入，反映出作者在逻辑方面的准备不足"；"文章没有结语，使得文章残缺不全，影响文章的美感，会给人一种戛然而止的突然和言犹未尽的遗憾"；"参考文献是判断一篇文章学术性的重要依据，从作者所选用的参考文献的水平和质量，大体可以体现作者文章本身的水平和质量"；"从参考文献的占有量，从作者对参考文献的驾驭，可以看出作者对某一问题的了解程度、深入程度和把握程度，看出作者的学术视野、学术积淀和研究起点"；"毫不夸张地说，参考文献虚引成了相当一部分作者文章水平提升的'瓶颈'，如果对参考文献的认识问题得不到彻底解决，就无法突破这个'瓶颈'"。

3.《图书馆学论文写作与投稿全攻略》

这是著名的《大学图书馆学报》编辑王波老师的经典之作，于《图书馆工作与研究》2008 年第 1 期和第 2 期中连载，在学界的影响很大，截至目前（2012 年 8 月 1 日），这两篇文章的累计下载频次分别达到了 1009 和 861 次——把它誉为国内图书馆学论文写作与投稿的"葵花宝典"一点都不为过。我曾经把这篇文章打印出来，放在自己的床头，睡觉前慢慢品味王波老师的真知灼见。我想我们图书馆学的每一位爱学习的人，都应该认真地学习王波老师的这篇文章，并从中吸取宝贵的经验和方法，从而提高我们的学习，增进我们的功力。此处不再叙说文中的具体内容，留待大家亲自去品味和感受。

（2012 年 8 月 1 日）

星星师弟

　　广州大学图书馆就在我们学校图书馆的附近，同在小谷围岛内，相距不到 1000 米。它的建筑气势磅礴，技术设备先进，已经不乏吸引国内媒体和图书馆界眼球的资本。

　　为什么还要说祝贺广州大学图书馆？因为它又招募到了精兵强将，那便是武汉大学图书馆学高才生张新兴博士！

　　张新兴是我的硕士师弟，小名星星，性格温和，为人谦逊，师从谈大军副教授（谈老师是我本科时候的班主任，亚当·斯密的名字就是第一次从她的口里得知的）。记得在他硕士毕业之前，曾经和另一位师弟一起买来蛋糕，和其他朋友一起为我庆祝生日，地点就在广州大学的ABC 歌厅，至今让我记忆犹新。

　　硕士毕业之后，张新兴考上了武汉大学信息管理学院的博士，师从著名的肖希明教授。武汉大学真是个学术福地，师弟张新兴在那里短短的三年时间里，理论水平突飞猛进，写出了一系列高水平的论文，让我们刮目相看。在佩服武汉大学的育人之功时，更想去武汉大学浸染一番，沾沾那里的灵气，增强自己的功力。

　　武汉大学图书馆的图书馆学外文书籍的种类和数量让我目瞪口呆，这极有可能得益于韦棣华女士早期在美国的积极购求与募捐。我时常流连于武汉大学图书馆的联机公共查询目录里，激动地看着那一条条外文专业书目信息，恨不得早日飞身过去，做一回武汉大学的学子，把图书馆学的所有外文资料都复印回来。

于是我常常委托师弟张新兴帮我复印外文图书。张新兴也是非常的热情，从来没有怠慢过我的任何一次请求。记得有一次，江南大学图书馆的才子、张新兴博士同学的同学顾烨青曾经到访武大宿舍，后来跟我说在宿舍里看到了张新兴帮我复印好但还未寄出的一大堆外文图书，让他好生羡慕。临近毕业，张新兴问我还想复印什么书，这让我真是喜出望外，因为之前搜了一大堆书目准备让中大的哲学博士帮我在国外网站Gigapedia 中下载，可是网站已经关闭，无法下载。我从那个书目中选择了自认为最重要的几本图书，在 OPAC 中确认武大图书馆有收藏之后，迫不及待地发给了他。没过多久，他帮我复印的那几本外文图书，就静悄悄地等待它们新主人的欣赏与品味。

两大图林新锐张新兴和顾烨青在武大合影

张新兴的博士论文虽然写的是信息资源建设方面的主题（其导师是肖希明教授），但是这几年来，他一直关注图书馆学基础理论的研究，并且取得了令人瞩目的成绩。他主笔的发表在《图书馆》2012 年第 2 期的《基础研究与图书馆学的学科地位》，即是他的所思所得。陈瑛主编毫不掩饰她对师弟张新兴的钦佩之情，嘱咐我向张新兴转达编辑部对

图书馆学基础理论文章的喜爱，希望张新兴能多写这方面的文章并向她们惠赐佳作。

师弟能来广州大学图书馆上班，那是广州大学图书馆的福音，更是广东高校图书馆的福音。我们可以想象的是，国内重要图书馆学期刊上面，将会更加频繁地出现"广州大学图书馆"的倩影与师弟的尊姓大名。让我们拭目以待。

（2012 年 7 月 6 日于小谷围岛）

沿着 Doctor Lee 前进的方向

凌晨四点，在开往广州的列车上，我想起了传说中的李书宁（Doctor Lee）。

Doctor Lee 是我的硕士同学。当我还是一名不知名的中学图书馆馆员的时候，他已经是聊城大学图书馆的一名知名馆员了；当我成为华南师范大学的一名馆员时，他成了中科院的一名博士生；当我还在为学业和前程而忙碌的时候，他已经成了北京师范大学的一名技术馆员。Doctor Lee 前进的步伐，总是迈得那么快，一刻也不停歇。

2003 年 9 月，我有幸成为 Doctor Lee 的硕士同学。Doctor Lee 勤奋而执着，是我们全班乃至全年级学习和效仿的榜样。Doctor Lee 的知识面很广，计算机技术了得，曾经考过 C 语言高级程序员，最要命的是，拥有那么高天赋的他，还相当的用功，每天除了吃饭和睡觉之外，便是看书，极少外出娱乐和消遣。他的生活很简朴，很少买水果和零食吃。印象最深刻的是，他常常喝大量的白开水，不知道是不是因为水既可以充饥又可以美容的缘故，怪不得他的肤色那么好。

Doctor Lee 是我们的活字典，图书馆学和经济学的研究生，每天都围着他，向他请教各种各样的问题。Doctor Lee 对向他请教的人从来不拒绝，毫无保留地一一回答，就像他的网名 noreject 一样。可以毫不夸张地说，如果没有他，如果没有他的指点和帮助，我们其他图书馆学和经济学的硕士生肯定不会取得这么大的进步。从这个意义上说，我们2003 级的全体硕士生都应该感谢他。

在中科院文献情报中心读博的时候，导师张晓林推荐他到《现代图书情报技术》兼职，他成了一名出色的论文初审编辑。我曾经在 2007年 8 月那篇轰动一时的《国内图书馆学、情报学期刊点评》一文中，对他的勤奋和天资大加赞赏。现在，在他成为北京师范大学图书馆的一名技术馆员时，他又担任《图书情报工作》的外审专家，审核图书馆技术和国外图书馆学研究进展等方面的论文。那些向《图书情报工作》投稿的师弟师妹和学界同仁们，一如既往地受到他的指点与恩泽。

在北京师范大学附近一家上档次的北京烤鸭店，我受到了 DoctorLee 的热情款待。为了欢迎远道而来的同学，一向节俭的他点了满满的一桌菜，当然少不了著名的北京烤鸭。觥筹交错之中，伴着微微的醉意，我们谈学习，谈工作，谈生活，回忆起曾经的人和事，唏嘘着无奈的当下和缥缈的未来。

毫无疑问的是，Doctor Lee 是一名前程无比闪亮的学者，无论认识他的人还是不认识他的人，都对他的学术成绩赞叹不已。Doctor Lee 更是一位学习和生活的良师益友，值得我们永远信赖和珍惜。我想谁都喜欢这样优秀的人才，是馆长都会把 Doctor Lee 招募到自己的麾下。

凌晨四点，在开往广州的列车上，我记下了上面的话。

（2012 年 6 月 24 日）

感谢有你

并非获得了什么大奖，只因在过去的 2011 年，在我的生命里，有你的相伴，感谢有你！

首先感谢"图林五散人"中的其他四位 XP、图情牛牍、Follaw 和味斋主人，感谢你们为我初审文章并提出各种各样的意见和建议，不管是奇怪的还是有益的。感谢你们 7 月冒着酷暑不远千里来广州看我。感谢你们无时无刻地关心和惦记，无论是在我开心还是伤心的时刻。

感谢周美华老师，我很庆幸自己去了江苏，不然我会错过这么好的一位朋友。感谢吴稌年老师的帮助与指导，羡慕您身边的顾烨青。我总在想，如果我也能在江南大学上班就好了，那样我就可以经常向您请教，可惜我们的地理距离太远了。

感谢"一蓑烟雨"老师，如果没有您的牵线和搭桥，我不会认识这么多学界的同仁和朋友。您还记得江西师范大学的张书美老师吧，我和她的相识与相知全得感谢《国家图书馆学刊》这块园地。还有黑龙江大学的傅荣贤老师，若不是您的推荐，我和他到现在还可能只是路人，只是偶尔在学术刊物上看到对方的名字。

感谢中科院的庞弘燊和李芳等博士候选人，你们的专业知识和学术方法，值得我效仿和学习；感谢武汉大学的博士生张新兴师弟为我复印了大量的外文图书并与我热情合作，武汉大学真是一块宝地，我亲眼见证了他在学术方面的迅速成长；感谢北大的瓦格纳（王建冬）、左平熙、冯佳等博士生，如果没有你们的热情帮助，我不会找到那么多的外文资料。

感谢各专业期刊的编辑，没有你们的厚爱和支持，我不会取得些许的进步；感谢每月赠送刊物给我阅读的期刊社，让我可以快速获得学界最新的研究进展。我知道自己还存在着许多的不足，我会更加努力的学习，不会辜负你们对我的期望。

感谢 Keven 和雨禅，你们是我的良师，我的益友。没有你们的鼓励和支持，我想我很难把研究坚持做下去。我不知道前方的路有多长，困难有多大，但只要还待在图书馆，我就会加倍努力，绝不会辜负大家对我的一片期望。

感谢恩师乔好勤教授和程焕文教授，能成为你们的弟子是我一辈子的幸福，即使我日后不优秀，我也会对得起自己的良心，真心地祝福你们。

上帝是公平的，在为你关上一扇门的同时，也会为你打开了一扇窗。在我最失意的时候，让我认识了广西财经大学的唐野琛老师，如果没有她的鼓励和帮助，我想我现在可能会是另外一种心境，永远活在别人的阴影里。

感谢湖南农业大学的常青老师，常常以"大家"来激励我，让我感到惭愧和压力。我知道和前辈们相比，我还有很长的路要走。我会以前辈为榜样，发奋图强，争取早日缩小与前辈们之间的差距。我会继续努力。

感谢我的家人，感谢小清，没有你们的理解和支持，我不可能静下心来看书和学习。我很希望能做一个称职的孩子，一个职称的丈夫，一个职称的父亲，可是我还有太多的事情没有完成。如果没有你们的理解和支持，我只有做一名家庭煮男的份了。

感谢所有关心和帮助过我的人，请原谅我不能在这里一一枚举。

（2012 年 1 月 20 日）

如何给自己的论文打分

今天晚上没有心情看书，随便写几句话，就说说如何给自己的文章打分吧。

一篇文章写出来，若自己都不能给它判定分数，漫无目的地乱投稿，那是非常搞笑和滑稽的事情。所以说给自己的文章打分，并按文章的质量有的放矢地投稿，才能提高文章的命中率。

那如何给自己的文章打分呢？某个分数的文章适合哪些杂志呢？这就是今天我们所要探讨的问题

判定一篇文章的好坏，个人觉得评价指标包括但不限于以下几个方面：选题是否新颖、结构是否合理、论述是否清楚、论据是否充分、论证是否有力、是否有学术价值等。

选题方面，若是前人已经研究得比较透彻的主题，重炒旧饭，人云亦云，让人感觉乏味，被拒的概率肯定很大；若选题新颖独特，前人没有研究或研究得很少或研究得不深入的题目，肯定会让编辑的眼前一亮，让他们不擦亮眼睛都难。

结构方面，文章的引言部分是必要的，可以阐述该研究主题目前的研究状况；正文部分所占的篇幅应该比较长，在全部文字中大概要占70%左右的比例，不然文章就会显得头重脚轻（前言过长）或者头轻脚重（结论过长）；结语（结论）部分可以总结一下该文的研究结论，并对未来的研究路向提出展望。引言、正文和结语（结论）是文章的三大组成部分。当然有些文章在行文的过程中，就进行分析问题和解决问题，这样的话，没有结语部分也是可以的。

论述方面，若一篇文章的文句晦涩难懂，让人看得云里雾里，让人感到一头雾水，那是很让人郁闷的。另外，若写出来的文章太直白，太口语化，也是得不到编辑的青睐的，学术论文应该用书面语来写作。

论据方面，文章作者掌握的资料一定要多，而且资料越多越好，就像油多不坏菜一样。以前有一位师兄曾说过，一篇文章至少要有6篇以上参考文献。我认为6篇是远远不够的，9篇以上比较适合，当然最好是10篇以上——若是综述，我认为30篇以上是必要的。

论证方面，光有充足的资料也是不够的，还要论证得有理、有力、有节。有理即符合道理，合乎逻辑；有力就是据理力争，所使用的论点要有说服力；有节就是要掌握重点，不可面面俱到，论证适可而止。论证的好坏直接影响文章的学术深度，因此其重要性绝对不可小觑。

学术价值方面，主要是指此论文是否能促进本领域研究的发展，是否能丰富本领域研究的内容，是否能为本领域的后续研究提供必要而有益的借鉴和参考，是否能产生经济效益或社会效益等。学术价值的高低是衡量一篇论文最重要的标准。

具体来说，我们可以给自己的文章打分，或者让别人来打分（求助于你的老师、师兄师姐、学界友人等——事实上，若自己还不能把握一篇文章的评判标准，让他人打分比自己打分更显得重要），以100分为满分计算。哪一天你能轻松自如地为自己的文章或者别人的文章打分的时候，也就是你的写作功力达到了一定高度的时候。我们可以把文章的分数分成以下几个等次，并根据文章所属的等次，有的放矢地投稿，节省我们和编辑宝贵的时间，最大限度地提高文章的命中率。

60分以下：这类型文章选题老套，立意陈旧，论据不足，论证乏力，结构缺陷，根本入不了正规刊物编辑的法眼，只可能被内部刊物录用。

60～70分：这类型文章选题一般，虽然结构合理，论述也清晰，但论据和论证都存在问题，核心期刊是不会要的，当然若发在内部刊物上面也有点可惜了，那只能发在普通刊物上。

70～85分：这类型的文章选题新颖，语言流畅，论据充分，论证有力，达到了这个分数的论文完全可以发在核心期刊上，只不过还可以进一步细分：70～75分的文章，最好考虑投往比较差的、排名靠后的核心期刊上；75分以上80分以下的文章，可以投往排名居中的核心期刊上；80分以上85分以下的文章，可以试着投往排名靠前的核心期刊上，如《大学图书馆学报》《情报学报》等。

85分以上：这类论文肯定是选题独特、结构合理、论述清楚、洋码丛生、论证有力，而且具有较高的学术价值。

（2011年10月13日）

关于外文资料的获取

最近一年来，不断有 e 线论坛的网友、所在学校的非图书馆学专业的本科生和研究生、图书馆学师弟师妹，以及其他人向我询问外文资料的获取途径和方法。外文资料的获取确实很重要，因为一个人科研水平的高低，在很大程度上取决于资料的占有程度。下面就简单向大家介绍一些获取外文资源的方法及一些查找资料的心得和体会。

外文资料的获取并不是一蹴而就的，它需要长期的搜集和整理；外文资料的查找途径也不是单一的，它需要利用一切有可能的途径。只有这样，才能把自己所需要的外文资料尽可能地找全和找准，也就是我们所说的提高外文文献的查全率和查准率。外文资料的查找一般有以下几个比较重要但又行之有效的方式。

第一，通过国内其他高校的同学或朋友。外文资料的获取应该遵循就近的原则，也就是说，能在本省找到的，就不要去外省找；能在本国找到的，就不要到国外找。怎么样查找呢？我们可以先查一下全国各大高校图书馆和公共图书馆的联机公共查询目录（Online Public Access Catalogue，OPAC），特别是中国国家图书馆的 OPAC 系统，如果找到了，就找熟人帮忙借出来复印，或者找复印公司帮忙复印出来。这是一种行之有效而又相对便宜的方法。盛小平老师在北京大学读博士后期间，我在北京大学的 OPAC 上查到了许多想要的外文图书，于是我找到了他。他打电话给北京大学的师妹并把我需要的外文图书的书目信息发给她，很快，这些图书就寄到了我手里。武汉大学图书馆学专业的办学历史最悠久，因此它的相关外文资料也是很丰富的，我也曾嘱托在武汉大学读博的张新兴师弟帮我复印了数十本书寄给我，速度非常快，这是其他的查找途径所无法比拟的。

第二，通过图书进出口贸易商。如果确定你所需要获取的文献在国内各大图书馆中找不到，你可以求助中国图书进出口公司等专门做海外图书贸易的机构。这些公司一般在海外都有自己的办事处，而且有自己相对固定的贸易伙伴和进货渠道，人脉也比较广，一般都能买到或影印到在版或绝版的外文资料。如果直接跟图书进出口公司交涉，可能由此产生的费用会比较高，若能通过在高校图书馆中专门负责外文采购的朋友来处理此事，情况会变得简单很多。我曾经有几次托我的师兄莫振轩老师帮我购买外文图书，他都是通过这种途径最终实现的。可以说，这也是一种比较有效的查找外文图书的途径和方法。

第三，通过海外的亲戚和朋友。要获取国外的资料，最好的办法是委托身处国外的亲戚和朋友帮忙，这是最直接、有效的办法了。例如你要找日本图书馆史的资料，如果你在日本有一个亲戚或朋友，那是非常方便的事情。我曾经委托身在美国纽约做实验的中大的校友，帮忙找一本有关美国图书馆史的图书。他从美国亚马逊网站找到了这本书并帮我购买，然后通过回国的朋友转交给我。美国亚马逊有很多新书和二手书，不过价格很贵，我买的那本二手的图书需要99美元，外加6.75美元的本地运费。相比之下，国内的卓越亚马逊网站的外文图书就少得可怜，基本上没有外文图书。我曾经打电话给北京的卓越亚马逊网站，询问为什么美国亚马逊网站有的书卓越没有。他们的答复是，卓越只是美国亚马逊公司旗下的一个子公司，两者基本上没有业务往来。

第四，外文数据库。以上的三种方法基本上是用来获取外文图书的，而对于外文学术论文，我们一般用的是外文综合性或专科性数据库。综合性数据库比较多，而且高校图书馆订购也比较普遍，包括 Springerlink，Elsevier，EBSCOhost，ARL，Emerald，JSTOR，Proquest，等等。这些都是非常优秀的期刊外文数据库，基本上可以满足我们研究国外某一领域的文献需求。在检索外文数据库的时候，不要一见到搜索框就输入检索词，这样的结果往往导致两个极端：一是检索结果成千上万，检准率非常之低；二是检索不到相关的文献，或者检索结果为零。正确的检索策略是先制定精确的检索词，然后打开高级检索界面（对话框），把检索词限定在"Title"里面，进行精确匹配（有关精确匹配的公式接下来详细说）。值得一提的是，Proquest 公司的 PQDT 博硕士论文全文数据库有许多最新的各个学科的学位论文全文下载，这应该引起我们的足够重视。

第五，电子图书。目前国内提供中文电子图书全文下载的网站很多，比较著名的有"新浪爱问共享资料"，其他的相比之下要逊色得多。外文图书下载的站点比较多，但都不是太全面，欧洲的古腾堡计划数字化了一定数量的珍贵资料；美国在电子图书这方面做得更加出色，尤其是 Google 和 IBM 等公司，都大力开展图书的数字化工作。当然，如果我们够勤奋的话，我们会搜索出更多更有价值的外文电子图书免费下载网站，这需要我们积极努力和不懈探索。

第六，网络信息资源。网络上有海量的信息资源，无论我们想得到的还是想不到的资源都有。"没有找不到的，只有想不到的"——我认为这就是网络信息资源的特点。网络信息资源庞杂无序，如果没有掌握一定的检索技巧与方法，是很难找到自己所需要的信息资源的。英文 Google（网址是 www. google. com/ncr。首次使用时一定要增加"ncr"才能访问；有时候不能访问时，需要利用代理服务器）在网络信息检索方面是非常优秀的，当然它要遵循一定的检索策略与方式。PDF（可移动文件格式）是一种国际通用的文件数字化标准格式，所有期刊数字化之后都是以这种格式保存，因此如果我们要查找外文学术论文，一定要检索特定的 PDF 格式的文章。事实上，通过英文 Google 查找出来的学术文献，并不比通过数据库查找出来的文献少。英文 Google 搜索中最强大的公式是精确匹配，这也是许多数据库已经或者正在向英文 Google 学习的地方。以查找 "library history" 相关文献为例，精确匹配的检索式是：

"Library history" filetype：pdf

这个检索式就是要在英文 Google 中查找所有有关 Library history 的 PDF 文件。需要注意的是，"Library history" 后面要空一个格，Library history 这个词组的两端要加个英文状态下的双引号，实行精确匹配。如果不加双引号，那相当于模糊检索，查找出来的结果就是 library 和 history 的总集。利用这个精确匹配的方法，我们可以查找到大量的学术论文以及一部分学术著作，这是非常重要的。依此类推，若我们想查找会议陈述，我们可以把文件类型改为 PPT，等等。

总之，查找获取外文文献是一个系统的工作，我们不可能仅用一种办法就可以把我们所需要的资料找全。在上述的诸多方法中，查找并下载电子图书的方法值得我们特别重视，因为这是一种最便宜、最有效的方法；而网络信息资源的查找与利用也不容忽视，它可以极大地拓宽我们查找文献的途径。最后，我要送给大家共勉的，还是这句话："没有找不到的，只有想不到的！"

（2010 年 11 月 22 日）

英国图书馆史研究的所思所想

断断续续花了一个月的时间，看完了南京大学钱乘旦、许洁明编著的《英国通史》，能在精彩的奥运节目即将到来、心情纷繁复杂的时刻看完一本书，感觉确实不错。这本书是我在 6 月初到广州大音图书公司进行图书现场采购的时候买的，当时看到这本书的内容结构非常清晰，表述也非常到位，再加上本人正致力于国外图书馆史尤其是英美图书馆史的研究，所以就毫不犹豫地自己掏腰包买了下来，连同一起购买的还有一本原价 88 元的理查德·塔纳斯所著的《西方思想史》。

英国是一个让我们感到心情很复杂的国度，既爱又恨，就像现在大多数的中国人对待美国的感情一样。以英国为首的资本主义列强对中国的野蛮侵犯——特别是英国发动轰开清朝大门的鸦片战争——无疑是小时候历史课本留给我们最深刻的记忆。但同时，我们又不得不承认，如果没有英国工业革命的贡献，世界物质文明的历史不知还要倒退多少百年。仅从图书馆史来说，英国图书馆史就值得我们国人好好研究。最早的公共图书馆制度起源于英国，最早的会员图书馆建立于英国，最早的工人阶级图书馆发端于英国……如果要仔细数数，从英国图书馆史中我们还可以列举出一大堆世界图书馆史之最。总之，英国是一个有意思的国家，英国图书馆史是一个有意思的研究领域，它值得中国图书馆学人花大力气去分析，去探索，去研究。

《英国通史》中描述图书史料的文字很少，仔细归纳了一下，只有下面几处。其一是在盎格鲁-撒克逊时期，基督教的传播和异教徒的皈依推动了不列颠教育和艺术的发展。基督教是一种以经文传播的宗教，只有那些能读解圣经的人才能对它有深刻的理解。公元682年，英国大主教提奥多的朋友、收藏家本尼狄克·毕斯科普在诺森伯里亚的耶罗和韦尔矛斯建立修道院，并在修道院中收藏了一些欧洲最好版本的希腊文和拉丁文书籍。其二是在都铎王朝时期，亨利八世封闭修道院，在文化方面造成了意想不到的消极后果，许多漂亮的哥特式建筑被毁坏，图书馆遭洗劫，这是英国历史上前所未有的文化浩劫。1476年，卡克斯顿开办英国第一家印刷所后，到1500年英格兰至少印刷了360部书籍，它大大地促进了公众的阅读兴趣和私人藏书楼的建立。由于印刷业的发展，到1520年，工匠的日工资就可以买一本伊拉斯谟的书了。其三是伊丽莎白女王时代，伊丽莎白把一些日用品贸易的专卖权赏赐给王公大臣，当时书籍属于专卖品之列。其四是维多利亚时代，反谷物法同盟利用群众斗争的方式制造政治压力，经常利用出版书刊、小册子、散发传单、召开群众会议等手段进行宣传活动。

钱乘旦是历史学家，而不是图书馆学家，能在他的一本书中发现那么多有关英国图书馆史实的描述，已经非常不错了。本人前一阵子写的有关英国会员图书馆、工人阶级图书馆、公共图书馆史等方面的一系列文章将在年底的几种图书馆学核心期刊中陆续刊出。当然，我们不能满足现有的成绩，我们还应该继续努力，把包括教会图书馆、私人图书馆、大学图书馆、公共图书馆、专门图书馆等在内的英国各种类型图书馆的源流与发展史尽可能完整地呈现在国人面前。中国图书馆学界的英国图书馆史研究，仍然任重而道远。

（2008年8月6日）

秋日遐想

刚刚从明德园回来，去见了即将硕士毕业的 XP。他要去面试了，是广州网易公司的知识管理职务，听起来是一个不错的职业，据说收入也是蛮诱人的。看来若他能找到很好的工作，他是不想考博和读博了，若有钱，谁还想遭那份罪呢？读书的最终目的也是为了找一份好的工作，如果能提前找到一份理想的工作，何必要那么辛苦读书呢。

谢欢（味斋主人）是爱书之人，这个事实是一点都不假——他可以在吃和穿方面省吃俭用，但是在买书方面却慷慨得很，从苏州的古旧书店，到广州的二手书店，味斋主人的包里什么都可以没有，但就是不能没书。除了买书之外，味斋主人获取图书的来源，肯定是向名家索取题签本了。上一次在乔好勤先生的家里采访他老人家，乔先生从屋子里拿出几本书来，味斋主人是第一个抢到自己想要的《中国目录学史》，脸不红心不跳，让在场的其他图林散人大跌眼镜，看来味斋主人不是一般的爱书。

早就听味斋主人说，到了南京大学读研之后，要去找秋禾（徐雁）老师索取题签本。这不，我刚才就从 XP 那里拿到了味斋主人从南京寄来的秋禾老师所惠赐的三本书，两本内部刊物《尔雅》以及秋禾老师所著的《开卷余怀》。太仓图书馆的馆刊《尔雅》我是第一次见，它的装帧异常漂亮，特别是封面上的书签图案，让人感到清新而素雅。仔细一看，原来是秋禾老师亲自设计的，对秋禾老师才气的钦佩又增添了几分。杂志从形式到内容都很不错，很难想象这是一本内部刊物，说实在话比有些正式刊物可观多了。所赠阅的两本杂志里面的作者不少，但认识的人却寥寥无几。让我感到欣喜的是，除了秋禾和吴建中的文章之外，我看到了图林新锐江南水（顾烨青）的文章。而更让我期待的是，《味斋十年纪行》什么时候面世并送到我手中。

说到图书馆馆刊，据我所知，除了一两个大学图书馆办了电子刊物之外（如广东外语外贸大学图书馆），广东的图书馆还没有创办起自己的纸本刊物，这是值得众多馆长们重视的问题。深圳图书馆办了一个内部刊物《公共图书馆》，现在已经过去数年的时间了，但转为正式刊物的希望依然渺茫。我早就想办一个内部刊物，命名为《图书馆史》是一个不错的选择，而且会向国内知名的图书馆史学者以及众多的博士生和硕士生们约稿（编委会成员暂定为"图林五散人"），顺便跟与史学研究见长的图书馆学期刊学习。有志者事竟成，我想离《图书馆史》杂志创办的日子已经不会太遥远了。

最近迷上了胡适的相关著述，唐德刚译注的《胡适口述自传》即将阅读完毕；接下来是《胡适杂忆》，亦是胡适的得意门生唐德刚所撰；其后便是由胡适的博士论文《先秦名学史》而成的《中国哲学史大纲》；最后是胡适的另一位弟子罗尔纲所著的《师门辱教记》。

（2011 年 11 月 8 日）

中篇

图林人物

"图林五散人"

　　"快乐六君子"这个称呼，或许对于某些图书馆学人来说，显得有点陌生，并不知道它的确切含义。没错，它实际上是文华大学图书科第一届学生——如果我没有记错的话——裘开明、许达聪、陈宗登、查修、黄传楞、桂质柏的自称。虽然在这六人当中，只有裘开明、查修和桂质柏三个人的名字能为当代图书馆学人耳熟能详，但"快乐六君子"这个称谓，却已成为近代中国图书馆学繁荣与发展的闪亮的符号之一。

　　而在当今的图书馆学界，也出现了另外一个类似的事物，它便是由五个图书馆学年轻人组成的"图林五散人"。

　　"图林五散人"是一个只有五个人的图书馆学专业群，这或许是中国人数最少的 QQ 群了（一不小心又成就了一个中国之最）。"图林五散人"包括广州阿华田、XP、Follaw、图情牛牍和味斋主人。"图林五散人"这个名字不知道是谁取的，反正不是我，是其他四个人取的，我是不喜欢这个"散"字的，不过既然大家都同意，我也就没什么意见了。大概是因为我们五个人身在天南地北，而且还是图情界的无名小辈，所以取了这个不痛不痒的名字。虽然名字不动听，不过有还是比没有好。

　　突然之间感觉，"图林五散人"中的某些人与"喜羊羊与灰太狼"中的某些羊是何等的相似！"图林五散人"当中，我是最老的一个，颇似"慢羊羊"，虽然头上有时候会冒出几株智慧草，虽然表面给人的感觉是性格有点急，但是内心却是慢条斯理的，说白了就是有点懒，尽管还没有懒到跟"懒羊羊"一样的程度。如果广州阿华田能再勤奋一些，我想他是会取得更大的成绩的。可惜的是，这个世界根本就没有如果。

要说既聪明又可爱的图林散人，非 XP 莫属。XP 是一位人见人爱、花见花开的才子。说他是才子，一点都不为过：他的古文功底特好（小时候被他老爸的棍子教出来的），已经是满腹经纶——你要他讲图书馆技术，他一点问题都没有；你让他讲图书馆学理论，他讲得头头是道；你要他讲民国时期的阅读史，他可以讲一上午，而且讲得天花乱坠。XP 是一位天生的做教师的料，我曾经在今年的校园读书节当中邀请他来我们学校做了一场讲座，程亮（张锋）还全程帮他拍了写真集，他以绝对的实力又在我们学校制造了一批"粉丝"。无论在中大的哪一个角落，XP 都是受人关注的对象，许多人都认识他，而他却不一定都认识别人，这就是名人的显著特点。美貌与智慧并存的 XP 与"喜羊羊"有几分的相似！做人就要做像 XP 一样的人！

话说 Follaw 并不是正宗的重庆人，不过他也是在人称"不怕辣"的湖南长大的，所以吃辣椒的功夫了得。Follaw 这两年在学术方面的进步可谓有目共睹。我记得我在 e 线论坛写过一篇帖子，题目叫作 2009 年学术研究盘点，其中就提到了他。仅仅两年的时间，Follaw 就在众多的核心期刊中发表了一系列有关图书馆心理学方面的实证研究，让人刮目相看。我曾经对《图书馆》的陈瑛主编说过，Follaw 是一匹千里马。俗话说，千里马常有，而伯乐不常有。Follaw 现在需要的正是有如陈瑛老师一样的伯乐，去相中他，去发现他的聪明与智慧。

接下来是图情牛牒。图情牛牒的性格很好，一看就知道是一个老实巴交的、值得信赖的人。图情牛牒的皮肤有点黑，长得好像"沸羊羊"一样，再加上副乡土气息，让人感觉特别眼善而亲近。怪不得云南大学的老师和同学们都喜欢图情牛牒了。"沸羊羊"是很讲义气的，我们可以在电视片中经常看到他为了救羊群特别是"美羊羊"而不顾一切；

图情牛犊也是有情有义之人，他不仅有才气，更看重义气。云南农业大学的领导特别是图书馆的馆长是慧眼识珠的，把这么好的人招了进去。

最后一位是苏州大学的才子味斋主人。味斋主人的名字很劲爆，一不小心别人就把它当成竹帛斋主程焕文了，所以江湖上有"小斋主"之称。现在还是大四学生的味斋主人就在众多专业期刊（其中有数篇是核心期刊）发了七八篇文章，这是非常令人吃惊的。说实话，就算是全国各地的许多学校的硕士生，也不一定有他那么厉害。味斋主人差点成为苏州大学的风云人物，这也是不争的事实。味斋主人以绝对的实力，保研南京大学成功，前途不可限量。我们从来不曾怀疑，有一天味斋主人会成为一名让人敬仰的博导级人物。

XP、Follaw、图情牛犊和味斋主人个个身手不凡，身怀绝技。100年以后，当图书馆学的后来者评选21世纪为图书馆学研究和图书馆事业做出重要贡献的人物时，他们当中极有可能会有人入选"中国图书馆名人堂"。这并不是一句空话，他们有这样的实力，我相信他们在日后一定能取得成功，当然这完全取决于他们今后的努力程度。

（2011年6月27日）

Follaw

图林五散人中，图情牛犊和味斋主人在我的博文中多次被提及，而XP 和 Follaw 却从未单独行文介绍过。这并非是我不想，而是缘于某些原因。XP 是中山大学的才子，中山大学的图书馆学、情报学硕士研究生和博士研究生很多，他是其中很突出的一位，很受众人的瞩目，所以并不需要我专门行文介绍他的众多耀眼之处。至于被腾讯中心评价为"有为青年、一手好字、厚德载物、多重人格、潜力股"的 Follaw，我本不愿意多说，因为他的性格内敛而不外露（深藏不露），就像一本让人难以读懂的书，而且我也生怕把他给写坏了，坏了他的光辉形象。

如果没有记错的话，我是在 e 线论坛认识 Follaw 的。它的名字取得很另类，并不按常理出牌——依他的解释，他是把"Fallow"这个单词中的 a 和 o 调过来了——我原来还以为是他拼错了呢。从命名所用的心思就可以看出，Follaw 是一位做事认真、喜怒不形于色的人。而我却恰恰相反，坦白率直、胸无城府，与 Follaw 是完全不同的两种类型。

Follaw 是一位学术爱好者，不仅仅是为了自己，也为了领导和单位，这两年在读者心理研究方面进步很大，取得了有目共睹的成绩。学术是一条只有起点、没有终点的路，Follaw 就这样懵懂地踏入了这条艰辛的道路。我相信 Follaw 是乐于此道的。他专心为单位撰写各种课题申报书以及各种计划、总结和报告，并频频获得领导的肯定；用心撰写论文参加重庆市和中国图书馆学会举办的会议，并屡获奖项；潜心大量的问卷调查研究读者心理学并在此基础上撰写了数篇得力的学术论文，获得了多个核心期刊的青睐。鉴于 Follaw 在图书馆读者心理实证研究领域所取得的成绩，台湾辅仁大学图书资讯学系黄元鹤副教授邀请他参与"资讯专业人员之多层次知识活动量表设计与实证研究"的试测工作，让人看到了他在此研究领域所拥有的无限潜力。

身在少年儿童图书馆，除了天天可以跟天真无邪的儿童打交道使自己变得天真和纯朴之外，本来并不是一件值得庆幸的事情——尤其是在学术研究领域，若想取得较好的甚至是出类拔萃的成绩，就必须克服许许多多的困难——包括承受大量的实际工作任务、学术研究资料的相对匮乏、缺少学术研究的氛围及学术研究的奖励机制等。而 Follaw 却以一个少儿图书馆普通馆员的身份，通过自身不懈的努力，取得了一个又一个的成绩，先后在《图书情报工作》《图书与情报》《图书馆》等图书馆学、情报学核心期刊上发表或即将发表颇有见地和功力的论文。从这个意义上说，Follaw 是学术研究实力比较薄弱的少儿图书馆界的良好榜样，值得每一位少儿图书馆馆员学习和效仿。

学术研究永无止境，Follaw 亦不会停止其前进的步伐。我无法预测未来的 Follaw 所拥有的光明前景和无限希望，就像我无法揣测他的内敛性格一样。不过我从未怀疑，以 Follaw 的勤奋好学和执着实干之精神，有朝一日，他定能实现自己心中的目标，在国内少儿图书馆界取得他应有的地位，在读者心理学研究领域发挥不可替代的作用。对于一位胸怀大志的有为青年来说，这并非是一个遥不可及的梦想；或许在他的心中，怀揣着更大的抱负。也许有一天，我们图书馆的子孙后辈们，在星光灿烂的"中国图书馆名人堂"当中，可以清晰地看到 Follaw 这个无比闪亮的名字。

（2011 年 7 月 28 日）

刘方方给我刻的印

刘方方（Follaw）升迁了，成为重庆三峡医药高等专科学校的一名馆员，实现了自己进军高校图书馆的目标。调到高校图书馆，其实也没有什么特别值得庆幸的地方，除了有两个较长的假期之处，我不认为可以找得到比公共图书馆更优越之处。

不知道重庆少儿图书馆的领导会不会感到郁闷，流失了这样一位难得的人才。日后可以预见的是，重庆少儿图书馆在专业学术期刊上的曝光率，因为 Follaw 的调动，肯定会大大地降低。这是一个毋庸置疑的事情。

在我们眼里，Follaw 是一位篆刻高手，师从名家，除了他常用的那个博客之外，据图情牛牒的说法，他还有一个"二房"——另一个专门发布篆刻作品的博客。我没有什么艺术细胞，虽然硬笔书法写得还不错，但是在他的面前，相当于一位小学生，只有欣赏的份。

Follaw 给我刻过三方印（如果我没有记错的话），有些寄过来之后，因为还没有机会用得上（他曾经帮我刻过藏书印，等我有了自己独立的书房之后，我会把所有的藏书——现在已经有近千本了——都按上藏书印），所以还静静地躺在柜子里。今天本人想改点东西，但是没有什么心情，打开电脑的某一个硬盘之后，突然看到了他之前给我的印章的电子版。

　　除了 Follaw 之外，"图林五散人"的其他三位今年都考上博士研究生了（XP 考上了中山大学的图书馆学专业；图情牛犊考上了云南大学的档案学专业；味斋主人是硕博连读，南京大学的图书馆学专业），这是一个可喜可贺的事情。我曾经突发奇想，有一天，"图林五散人"会不会在同一个单位上班呢？这是一个很有趣的事情，但是这种概率，就目前来说，真的是太小太小了，可能跟买彩票差不多吧。不过以后就很难说了，因为这个世界变化得太快了，没有什么是不可能的。

（2013 年 7 月 14 日）

图情牛牍印象记

　　我和图情牛牍认识的时间实际上并不长，可是我们之间的友谊，也许是别人用十年的时间也无法超越的。

　　在广州阿华田的身边，聚集了一大批国内图书馆学界优秀的青年学子，既有中科院文献情报中心的 Pang，又有北京大学的 Zs. wagner，还有武汉大学的 Zhang，湘潭的 Young，重庆的 Follaw，更有中大的小师弟 XP 和苏州大学的"味斋主人"，以及人见人爱的云南大学的图情牛牍。可以说，勤奋是他们的共同特征，他们是中国图书馆学界的新生代代表，是中国图书馆学的未来希望之所在。我很幸运能认识那么多优秀的青年学子与自己一起进步，一同成长。

　　从何时开始与图情牛牍相识，我也忘了。据图情牛牍的说法，是 2009 年 3 月，那是比较迟的——其实我早就听说过图情牛牍这个人物了。当时我就知道图书馆学界有一个可畏的后生，虽然他不是"愤青"，但是他的学术见解却每每让人刮目相看。我喜欢农村图书馆，而认识图情牛牍也是从和顺图书馆等乡村图书馆开始的。图情牛牍的本科论文经过他的修改之后，发在了中国图书馆学界最好的刊物《中国图书馆学报》上，着实吓了学人一大跳。试想想，一个本科生都能在中图学报上发表文章，那是何其不简单的事情。我也是基于这方面的考虑，在认识图情牛牍之后的日子里，我几乎把自己所写的所有文章，在投往杂志社之前，都要发给图情牛牍过目，事实上，他已经成为我文章的外审专家。他以自己独到的眼光和深遂的视野，总能对文章提出许多中肯的意见和建议，而这些意见和建议总能让我受益良多。看来我要学习的地方很多很多，而目前所需要的，就是向图情牛牍等后生们好好学习。

图情牛牍是一位勤奋的博客写手，从 2007 年 6 月 2 日开博并写第一篇博文起到 2010 年 8 月 10 日，在短短的三年多一点的时间里，博客文章数量已经达到了 236 篇，这是令人非常羡慕和震惊的。每月一书基本上成了图情牛牍博客文章中的亮点，虽然刚开始的时候，那些评论性文章显得比较幼稚，但是不得不承认的是，在经过他数年的系统的专业学习和眼界开阔之后，他写的博文越来越有深度，越来越好看了。图情牛牍博客的访问量也已经超过了三万人次——在中国图书馆学这个小学科领域，能取得这个成绩已经实属不易。当然不得不承认的是，写博客在给图情牛牍开阔视野、结交友人的同时，也浪费了他大量的时间，有时候这些时间的浪费是得不偿失的。如果图情牛牍能把更多的时间和精力放在学术写作上，我相信他一定能写出更多更好的学术论文，而不是像目前所处的只有少数精品论文的状态。

和图情牛牍见面，是我从认识他以来的梦想，今年的云南之旅，让我有了这样一个难得的机会。今年的云南之行，图情牛牍是费了很大的努力的，不仅在景点的推介方面出力甚多，更是在机票的购买方面也帮了很大的忙。可以肯定的是，我给图情牛牍留下的印象一定是不好的，因为呈现在他面前的是一个病快快的而不是生龙活虎的广州阿华田——这都是感冒坏的菜，感冒让我失去了一半的味觉，也让我失去了一半的游玩的心情。所幸的是，图情牛牍小弟并没有因此而失去招待我和小清的热情，从住宿的安排，到景点的介绍，及至饮食的准备，都可谓无微不至。通过这次见面，图情牛牍善良、诚恳、憨厚、老实的性格更加深入我心，更让我感到惊讶的是，图情牛牍还是一个辣椒王子，我先前只知道湖南长大、重庆工作的 Follaw 吃辣椒的功夫了得，没想到图情牛牗吃辣椒的功夫简直是叫我咋舌，重庆麻辣火锅是根本不在他的话下的。他根本不需要挑战什么辣椒什么火锅，看他吃辣椒的样子，你就会知道他实际上是在享受美味。这是一个神奇的辣椒王子。我在想，如果有一天重庆的 Follaw 和云南的图情牛牗遭遇，那将会是一个怎样火爆的场面啊！鹿死谁手，可能早就是预料之中的事情了。

这个暑假很烦，已经过了一个月的时间了，连一篇文章也没有写好，可是时间却一刻也不会为我停留。《图书馆建设》的李京老师，也因为路程太远上班不方便的原因，从编辑部调到了一所高校图书馆，这让我感到非常的可惜和难过。幸好还有肖红凌老师、王政老师、刘琳琳老师等一批优秀的编辑，不然真的会让人很伤心——《图书馆建设》的所有编辑都是我的良师益友。2010 年，这个核心期刊专门开辟了"美国公共图书馆思想研究"专栏，使我成为让人羡慕的专栏作者，我的成长离不开她们的鼓励和栽培，我希望今后能有更多的机会和她们一起努力和合作。我也希望今后能有更多像图情牛牗一样优秀的学者，在这条充满艰辛的道路上能够给予我更多的帮助，共同享受成长和进步带来的快乐和幸福。

（2010 年 8 月 10 日）

我和图情牛犊有个约会（一）

　　昨天早上九点五十五分，在昆明国际机场的三号门出口，我终于见到了云南大学的才子、传说中人见人爱的图情牛犊。

　　我是差一点认不出图情牛犊来了，虽然我看过他的生活照，但是他比照片中消瘦，而且皮肤黝黑，一看就知道是西南地区的人。本来我想和他来一个西式的热烈的拥抱，可是还是因为内敛，只是和他紧紧地握手，再握手。图情牛犊给我的第一印象是憨厚、老实、单纯，心清而透明，一如这座简单而美丽的春城。

　　拦了一辆的士，图情牛犊坚决要坐在副驾驶位子，看得出来他是要抢着买单了，哈哈，只有顺着他坐到后排。据说昆明国际机场是目前国内城市民用机场中离市区最近的一个机场，从机场到市区只需要二十多分钟的车程。刚上车，我以为司机开了空调，原来是从车窗外飘进来的风，让人感到凉飕飕的。路边的草很绿很绿，花很红很红，昆明是全国的春城，果然名不虚传。坐在车厢里，还是感觉有点冷，虽然来之前已经得知这里今日的天气是有阵雨，气温在 18 ~ 25 摄氏度之间，以为同在广州一样穿得差不多就可以了，但是没有想到会那么凉，这让已经感冒的我更加不适。

　　到了云南大学宾馆门口，我们准备下车，图情牛犊抢着买单——他是一个完全的消费者，没有什么经济来源，靠的是家里人的资助，以及通过自己的努力获得的一些奖学金——我是非常不忍心让他买单的。重庆的 Follaw 也曾经笑着对我说，图情牛牒请客，我来买单，呵呵！我觉得，只要有心就行，有那份心意我已经很心满意足了。想想以前自己读书的时候，是多么的贫苦呀，从来不敢跟同学一起出去远足，特别是吃夜宵之类的活动，那是非常奢侈的事情。先让小弟尽一下东道主之谊吧，不然他会感到心里不安呢。

云南大学宾馆这四个字，我也是最早从图情牛牒小弟那里听来的，从外表来看，装修得还体面，只是价格有点贵，一百八到两百块钱。我还很弱智地问有没有空调，后来才得知，昆明市区的所有民住楼和商住楼，包括宾馆和酒店，都是不安装空调的。事实上，这里根本就不需要安装空调。从云南大学宾馆撤退之后，我们继续往前走，穿过了著名的洋人街，有很多的酒吧，然后找了一间标价 120 元的标间，因为图情牛牒是云大的学生，按规定可以优惠 20 元钱，实际上我们只需要交 100元的住宿费，另加 100 元的押金，就住进去了。

房间好大，有点凉凉的感觉，除了那台有点大的电视之外，最惹人注意的，便是盖在床上的那两床厚厚的棉被。图情牛牒小弟曾要我带外衣，说这里气温比较低，特别是下过雨之后，晚上睡觉还要盖棉被的。我当时就想，不是夏天吗，全国各地普遍高温啊，不至于冷到哪里去吧。现在有点后悔了，没有带厚衣服，看来自己的感冒肯定要加重了。把行李放好在房间，我们就迫不及待地要去解决肚子问题了。

我和小清当然是跟在图情牛牒小弟的后面走，他熟悉，是地主，我们是这里的陌生人。再说我这人的方向感特差，是分不清东南西北，很容易迷路的人。图情牛牒带我们到了一家风味馆，具体名字我不记得了——我是不爱记东西的人，我觉得若什么东西都记在心里，那样会很累，而且头脑也装不下那么多东西。在桌子旁围坐下来，我们开始点菜，我要了自己喜欢的南瓜——小时候，家里穷，没有什么菜吃，吃得最多的，就是苦瓜、丝瓜、南瓜和菩瓜了，所以直到现在，我对南瓜还是情有独钟——我们还点了炒三鲜、猪脚、滚汤等；图情牛犊特别点了炒木耳，这是他喜欢吃的辣菜。直到今天，我才知道原来图情牛犊小弟是那么能吃辣的，我原来只知道四川人不怕辣，湖南人辣不怕，贵州人怕不辣，没想到云南人也那么能吃。图情牛犊小弟说如果是去他腾冲老家，我肯定没办法吃饭，全是辣的——看来从小吃辣椒长大的、因吃辣椒出名而由湖南人摇身而变成重庆人的麻辣火锅王子 Follaw 也只能甘拜下风了，中大的 XP 就靠边站，俯首称臣吧，哈哈！还没有开始吃，肚子就一阵剧痛，可能是着凉了，捂着肚子往外走去找洗手间——很奇怪，昆明的饭店居然没有洗手间，这对广州来说是不可思议的——令人更不可思议的是，公共厕所要收费，而且收费的那位叔叔阿姨居然在厕所外面炒菜，味道那么浓，那些炒出来的菜，一定会带有浓浓的厕所的味道吧?！

　　看着图林牛犊一口一口地吃着那酱爆辣椒炒木耳，我禁不住诱惑，也夹了一块来试试。木耳上沾着几粒辣椒仔，不要小看那几粒小小的辣椒籽，那可是辣味的主要来源。因为感冒不能吃热气食品的缘故，我特意用水涮了一下这块木耳，小心地放进嘴里，哇，实在是太辣了！赶快吐出来，丢掉。我长在粤北农村，从小是吃辣椒的，但是基本上只吃那些不辣的辣椒，那些朝天椒之类的我是与之无缘的。我在想，如果有一天，重庆的 Follaw 和云南的图情牛犊不小心碰到了一起，那将会是一场如何壮观的、火辣辣的场面啊！

（2010 年 8 月 3 日）

我和图情牛犊有个约会（二）

　　吃饭那些事，暂且不说了，反正是为了完成填饱肚子的历史任务，感冒让我失去了一半的味觉，也让我失去了一半吃饭的心情。

　　吃完饭，本来想去逛翠湖公园的，可是因为实在太困了，早上五点半起来赶飞机，白云机场真是太远了；加上天气有点冷，感冒很不舒服，所以决定回房间睡觉去了，图情牛犊也准备回宿舍一趟。回到房间睡在床上，感觉被子重重的，真的很冷——昆明真是太神奇了，夏天居然要盖被子。调闹钟睡到下午三点，醒来看到天空下起了大雨，天公不作美呀，看来图情牛犊也不可能准时来接我们去逛公园了。到了下午三点半，图情牛犊来到我们房间，跟我们一起看电视《宫心计》，很好看的一部片子，很久没有看过那么好看的电视了。在房间里面坐着，感觉很冷，冷天感冒真是很难受。看完电视，决定出去买衣服，买完衣服再去吃晚饭。想想，也挺郁闷的，一个从盛产衣服的地方来的人，要来这里买衣服，而这些衣服，绝大多数是从广东进的货。一间一间的店挨着进去看，因为还是夏天，秋装不是很多。在一间卖韩版的时装店，看到了一件很不错的西装，试穿了下，感觉很帅，哈哈，价格650元，不讲价。最后没买成，主要是考虑到家里已经有两套西装了，而且很少穿——在广州这种休闲的城市，除了白领和银行职员之外，很少有人会穿西装上班，如果我上班的时候穿西装，人家肯定会觉得很怪，因为跟周围格格不入，自己也会觉得不自在。其实我心里是蛮想把它买回来的，说不定过几天等我从丽江回昆明，我会跑去把它买回来，呵呵。

跑了很久，脚有点累有点痛，都是感冒的缘故。图情牛牍建议我们去逛沃尔玛超市，说那里面也有衣服。这家超市面积蛮大，但人不是很多，里面商品的价格也不便宜。我们选了一些毛巾、纸巾、牙膏之类的日用品，然后去办正经事挑衣服。里面的衣服数量很多，不过都是很土的那种，而且价格也贵。超市出来，想回头去那家韩版店把那件西装买回来，突然看到还不错的一件衣服摆在对面的一间不大的店面里。店员夸耀说，这是从广州花都进的货，我偷笑，他不知道我们就是从广州来的，如果不是因为冷得不行了，我是不会来这里买衣服的。衣服很便宜，只需要 99 元，稍微考虑了一下，把它买了下来。

又到吃饭的时候了，当然图情牛牍心中早有想法。来云南，如果不吃正宗的米线，那可以说是白来了。图情牛牍带我们去了一家××香园米线（忘了名字），格调还不错，是先买单后消费的那种——说实在话，在广东很少有这种情况发生，特别是那些上了档次的饮食店。看来云南人学广东人做生意还没有学到位，生怕别人不付账一样，一点都不人性化。小清点了凉拌，病快快的我只有眼福的份。

从米线店出来，我们开始了真正的逛街行程。首先去的是云南省图书馆。说实在话，除了《云南图书馆》这个杂志外，我对云南图书馆是没有一点印象的。图书馆大门有郭沫若题的"云南图书馆"五个大字，字还是蛮漂亮的，看起来很舒服。据我所知，郭沫若不仅是一个文字家，还是一个书法家，如果我没有记错的话。不知道是天气的原因还是时间的问题，图书馆人很少，空荡荡的。在一楼大厅里面，还有一排排的目录柜，柜子很漂亮，但是里面的卡片著录得却不怎么样。我没有在一楼大厅看到计算机书目检索的终端，在检索技术非常发达的时代，仍然主要以卡片目录为主要手段查找文献，这是非常令人不可思议的。我不认识云南图书馆的馆长，我也不好对他的事情指手画脚，但是紧跟时代发展的步伐却是很必要的。图情牛牍小弟还带我们去了二楼的现刊阅览室，里面的期刊种类不多，读者也是寥寥无几，两个值班的馆员，百无聊赖。

从云南图书馆出来，我们就直接去了那个翠湖公园。因为身体很不舒服，我要求图情牛牍走最近的路，尽快走出公园，我最想去的地方是云南大学。公园里的人还真不少，这从一个侧面也反映了昆明是一个非常悠闲的城市。公园里的风景很漂亮，只是由于天色已经暗下来，加上自己近视，看得不是很清楚，只是记得树很多，竹子很多，湖水很满，是一个不错的休闲的好去处。步出公园，赫然看到了"云南大学"四个红色的大字，是竖排着挂在学校大门口中间的——小清说，很少见学校的招牌放在大门的中间的，一般都是放在门框最上面的。这一点都不假，放在中间的确实很少，但校名放在大门左侧或者右侧的学校还是很多的。从大门走进去，就看到了95级高高的阶梯。爬上了那高高的阶梯，我已经有气无力了。映入眼帘的是行政楼前那八个大大的校训：会泽百家，至公天下。云南大学秉承兼容并包的办学精神，是一所有88年历史的名牌大学。我对它的历史一点都不了解，不过从他参天的古树，高耸的古钟，我猜这所学校的底蕴一定很深厚，从那些走在路上的为数不少的外国人来看，这里的办学质量一定是上乘的，不然吸引不了那么多的外国老师和学生。走了一段时间，我们就找到图书馆的书吧，图情牛牍请我们喝茶。图书馆办咖啡厅是一个不错的选择，既可以方便读者，也可以增加创收。里面的饮料很多，当然最多的是茶——云南盛产茶叶，云南人喜欢喝茶也是出了名的。如果是在广东，喝茶是表示吃点心的意思，例如早茶或者晚茶，就是表示吃早点或者晚点的意思，不是纯粹意思上的喝茶。书吧里面的书很多，不过都是一些自己没有什么兴趣的书籍，当然还有一定数量的期刊，我发现有一本是非常受欢迎的《中国国家地理》，只是没有精力翻阅，基本上每一个大馆都会订购这本期刊的。

昆明留给我的印象很深刻，但最深刻的，是云南大学的图情牛牍，这也是我在这里想说的最后一句话。

（2010 年 8 月 3 日）

图林小黑

今天图情牛犊黄体杨要来广州，在这篇文章里我将使用他的另外一个网名图林小黑。刚才打电话过去，图林小黑（以下简称小黑）还在火车上。我本以为小黑会在晚上八点半到达昆明，没想到要晚上十点半，可能是我听错了或者记错了。小黑辛苦了，坐了20多个小时的火车，爱说话的他，想必在车厢里面闷得快要疯了。

昨天（7月19日）晚上送小黑去广州火车站的时候，真的有点恋恋不舍，不知道什么时候才能见到小黑了——虽然我去年才去过云南大学见过他——他将要工作了，而且我也很忙，大家都很忙，各人有各人的事情，要想再收拾心情相聚肯定会是一件困难无比的事情。我们在"真功夫"吃了饭——很奇怪的是，小黑之前居然没有听说过"真功夫"，而且说云南地区也没有见到过。在火车站那间"真功夫"点餐买完单之后，厨房的门开着，我顺便用眼睛瞄了一下，里面是黑乎乎的一片，地板很是潮湿。

吃完晚饭，急忙帮小黑提起行李往检票口走。检票口人很多，排起了两条长长的队伍。因为需要验票的缘故，我只能在检票口停住。小黑背上背着行囊，里面装的是衣物和在广州购买的、复印的和向老前辈索取的著作题签本；右手提着一大纸箱足有几十斤重的广州土特产，是他买来答谢帮助过他的老师、亲戚和朋友的，小黑真是一个有情有义的人；左手拎着在华南师范大学西门绿谷超市购买的大瓶矿泉水；胸前挂着一个小皮包。单看这个架势，我就被吓到了，出门真的不容易，小黑真的不简单。我很担心他在过机的时候，会因为手忙脚乱而丢失东西。

说了那么多，你可能还不知小黑是何许人。没错，他就是云南大学公共管理学院图书馆学的硕士毕业生、著名的博客写手图情牛犊黄体杨，一个刚刚来广州聚会的图林五散人之一。

小黑是 10 号晚上坐火车到的广州，是我和先期到达的 Follaw 去火车站接的车。小黑是云南南部腾冲人，因为那里的日照强，紫外线多，所以他的皮肤很黑。不过据小黑自己讲，他在他们老家算比较白的了。记得有一次在地铁上，小黑的身后不远处站着一位纯黑的黑人，我看着他们俩忍俊不禁——确实，跟那位黑人比起来，小黑的黑是小巫见大巫了。

某年某月的某一天，等我忙完手中的事情之后，我一定要到云南农业大学图书馆看小黑去。

（2011 年 7 月 21 日）

图情牛犊名草有主

上午听昧斋主人说，图情牛犊终于找到自己的主人了。除了高兴我还是高兴，悬了两个月的心终于可以放松下来了。我早就说过，像图情牛犊这么优秀的硕士生是不愁找不到工作的，愁的只是有太多的选择，而有时候选择太多了并也不是什么好事。不管如何，不管过程是如何的漫长和坎坷，毕竟图情牛犊已经找到新家了。

突然之间有种想写一封信给云南农业大学图书馆馆长的冲动，她的邮箱是公开的，不过我现在还没有想好，而且也不敢冒昧打扰人家。图书馆确实需要脚踏实地、埋头苦干的人，可是仅有这样的人，对一个图书馆的社会声誉来说，无疑是远远不够的，图书馆更需要在学术研究和学术交流中做得出色、能发挥模范作用的人。图情牛犊是一只学术研究的潜力股，而且他的博客已经成为国内图书馆学界的名博。招此种人才到图书馆工作，对图书馆所产生的积极和正面的影响是不言而喻的。

从这个意义上说，云南农业大学图书馆是非常幸运的，把图情牛犊这样有前途的可造之才纳入其中，也已经足以向外人彰显了馆长之唯才是举的美德。

据说今天是关公磨刀之日，是兄弟节，图情牛犊给我转发了珍爱友情的短信。我想用博文这种绿色而环保的方式表达兄弟情谊、纪念图情牛犊名草有主这个特殊的日子，是最适合不过了。朋友之间的友谊，并

不需要说出来，藏在心里就好了。记得本科毕业的时候，有一位同学写下了这样的祝福，让我们终生难忘："把你的影子捕捉起来，把你的声音珍藏起来，老了的时候，拿出来，细细品味，慢慢聆听……"

今天是个特别的日子，对图情牛牍来说，也许终生难忘。

（2011 年 7 月 1 日）

中国图林很新很新的新人

[**按**] 他是瓦格纳的老乡，江南的水乡赋予他特别的灵气。他是中国图书馆学界的"80后"，是一位前途无量的很新很新的新人。他究竟是谁？

单单看他的名字，就足以吓我们一跳！因为在他名字中，居然也有"斋主"两个字！只是他的名字的前后，各多了一个"味"字和"人"字。在中国图书馆界和图书馆学界，并非每一人都可以取这样一个劲爆且富有内涵的名字的。可是这位小生，哪管它这一套，他以初生牛犊不怕虎的气势，用一个超乎人们想象的、异常火爆的名字，在E线图情横空出世，给e线论坛的广大朋友带来了一股股新鲜的气息。让不明真象的人，以为是竹帛斋主返老还童，在E线图情这块难得一见的图情农田保护区里，时不时、冷不丁地冒出一两句稚嫩得可爱的言语。

味斋主人是一位十足的才子，虽然他只是一个大三的学生，但是他的知识积累和学术涵养已经达到了一般硕士生二年级的水平——这并不是夸张的语句，也并非阿谀的言辞。想当年，在我读本科的时候，真是什么都不懂、什么都很懵懂，哪里像他一样什么都是那么的清楚，甚至有时候不像一个乳臭未干的小子，倒像是尝尽了人生五味的涉世很深的老人。如果说，2009年，他在一本图林新秀杂志的最后一期发表的处男之作，让人感觉还很幼稚的话，那么 2010 年 3 月他在东北某图书馆学核心期刊上发表的实证性研究则显得相当的老练和成熟。我们不知道，在这么短暂的时间里，在他的身上，他的体内，究竟发生了怎样的能量转换，但是可以肯定的是，在从量变到质变的过程中，他一定是得到了高人的指点，或者是通过自己的努力，猛然间悟出了学术的真谛。味斋是一个真实的人，从他的写作选题我们就可以略知一二。他喜欢实证研究，从少年儿童的阅读状况调查，到公共图书馆政府信息服务，味斋以一个很新很新的图林新人的全新的视角，用自己的语言，诠释了他对眼前所发生的他感兴趣的东西。

以味斋主人的喜好和兴趣，他是非常适合在中山大学这样一个崇尚"实证研究"的学府做学问的。味斋是一个很有想法，很有见地的年轻人，我们从不怀疑，他会继续在这条科研的道路上走得更远，走得更踏实。当然味斋主人也是一位非常有主见的年轻人（或许以他的这个年龄，是不该有那么多自己的想法的，而是像现在的绝大多数后生们一样，追着潮流走），他不一定会考中山大学，也不一定会喜欢那里做着的实证研究，但是有一点却是肯定的，他不会满足于现状，他是一个不安分的人，他会在这条学术研究的道路上继续不断攀登，头也不回地奋力前行，最终为我们留下一串串令人眼花缭乱的科研果实。我们不清楚他的远大志向具体会是什么，但是若干年后，当我们蓦然发现，中国图书馆学界牛人榜中突然多了一个叫味斋主人的博导时，我们不要惊诧，这是我们在若干年前就已经预见到了的。

和味斋主人聊天，让人有一种很愉悦的感觉。每一次在 QQ 上见到味斋，我都基本上要以这样的语句开头："味斋主人，很新很新的新人，你好！"事实上，"很新很新的新人"并非我赠予他的有关他的特征的写照，而是几个月前的一天，他曾经对我说："相对于阿华田大哥来说，味斋是一个很新很新的新人。"所以我就把这样一个富有诗意和魅力的语句用来特指味斋主人。事实上，如果说 Follaw、图情牛牮是新人，中大的小师弟 XP 是新新人的话，味斋主人则是一个很新很新的新人，也就是最新的新人。长江后浪推前浪，世上新人换旧人。中国图书馆学的未来发展，正是需要有如味斋主人一样的后生们一代一代地补充新鲜的血液，才能使这个古老的学科不至于后继乏人、不至于出现难以逾越的断层、甚至走向不可挽回的没落之路。

　　味斋主人——一个让我们充满期待、翘首以盼的名字！中国图书馆学界一个很新很新的新人！

（2010 年 5 月 30 日）

味斋主人

味斋主人是苏州大学大四的学生，苏州大学人见人爱的才子。为什么说他是苏州大学的才子呢？因为味斋主人在大二的时候就开始写论文，并且凭两篇出色的论文和优异的成绩，获得了国家奖学金，并且顺利获得了南京大学保研的资格，可以说在实力方面，与中山大学的 XP 有得一拼。

味斋主人是"图林五散人"中年龄最小的一个，也是非常有性格的一位。味斋主人是一个爱憎异常分明的人，从他在 e 线论坛的言语和博客的文章中，就可以清楚地看出来；味斋主人学习非常的给力，在没有确定是否保研之前，由于长时间地伏案备考，使他不小心得了颈椎病，小小的年龄就遭受了病痛对其生理和黑心医院对其心理的双重折磨，让人油然而生怜悯之情。功夫不负有心人，味斋主人凭借自己出色的成绩，以自己的实力顺利保研成功，成为著名的南京大学的一名准研究生，可喜可贺！

妈妈老了，满头的白发和苍白的脸，看着就让自己心酸。我想趁妈妈现在还可以远行，带她想去的地方散散心。北京早几年已经去过了，她现在最想去的就是上海和香港了。所以和我小清下定决心，先带妈妈去大上海逛逛，回来再带妈妈去香港，以尽自己的一份孝心。飞机票已经买好，4 月 9 日从广州飞上海，4 月 16 日下午从无锡飞回广州。此次旅行的目的，除了带妈妈散心之外，当然是借旅游的机会，见一见素未谋面的老朋友们了，上海的 Keven、苏州的味斋主人、扬州的周美华、无锡的吴稔年，我都想见一见，顺便拜访他们，向他们学习。

我们计划在上海待两天，Keven 说要请我吃上海菜，把我乐坏了。能得到上海图书馆领导的款待，那是何等幸福和荣耀的事情。我之前去过一次上海，那是在 2003 年夏天考上研辞了职的时候（当时在一所中学上班），只身一人来到上海滩，吃麦当劳、睡便宜的旅馆，那里闪烁的霓虹让我惊羡不已，绝对是中国大陆最亮丽的夜景。从上海回到广州，宛如从城市回到了农村——那就是我当初真实的感觉，而且 8 年过去了，现在仍然记忆犹新。此次去上海，除了南京路和外滩外，当然我们还想去东方明珠电视塔，时隔八年之后，再一次感受大上海的无穷魅力。

上海之外的下一站便是周庄，然后我们将前往味斋活腻的地方苏州——人人不都说，旅游就是从自己活腻的地方到别人活腻的地方去么?! 味斋主人在短信中对我们即将到来表示热烈的欢迎，并开始为我们张罗住宿和旅游的线路问题。我们可以想象得到的是，当图情散人中的两人见面时，情形一定会非常的特别。我不清楚味斋主人的志向有多大，不过我想味斋主人人生的最低目标也是做中国图书馆学或情报学的博导级人物，只不过这个目标就目前来说，还有一段不小的距离。我此次的苏州之行，可以为味斋主人提前感受做"博导"提供机会，成为一名让人敬仰的"博导"——博士生向导！

"到味斋主人活腻的地方去！"

（2011 年 2 月 26 日）

准图书馆学硕士欢欢

　　欢欢是味斋主人的小名，比他小的人，都喜欢叫他欢哥。我这个30多岁的老家伙，自然应该叫他欢弟才对了。此次去苏州的主要目的，除了看园林之外，当然就是"网友见面"了，而且是图书馆学界的"网友见面"。从这个意见上说，此次的华东之行，可以说是专业之旅，也就是会见学界的专家和朋友。

　　味斋主人执意要来苏州火车站（高铁站）接我及我母亲、妻子，我也就只能欣然接受他的好意。唉，刚一出站就被这家伙认出来了，看来我长得太帅了，哈哈，想跟他捉捉迷藏都不行啊！味斋主人长得很清秀，典型的江苏人，儒雅而有风度。苏州火车站不大，可是出租车特别的多，而且大多数人一出站口就排队等的士，去坐公交车的人非常之少，这让我感到非常的好奇和不解。我原以为苏州人都很富有，不愿坐公交（其实苏州人确实是很富有的），而据味斋主人的解释，市区离这里不远，坐公交车要两块，时间会更长一些，而坐的士不用跳表就到了，又省时，所以大家都选择坐的士了。我们排着长长的队伍，那个队伍的长龙，比起广州火车站来，感觉恐怖多了。好不容易轮到了我们，赶紧上车，味斋主人马上坐到副驾驶室（跟之前的图情牛犊一样，想必是要抢着买单，以尽地主之谊，呵呵）。

　　我们直接来到著名的步行街观前街，那里人很多，专卖店林立，跟其他城市没什么两样，当然少不了百年老字号。在这些店中，最吸引我的要数苏州的××斋的烧饼了（我忘了，后来建议欢欢以后开一个"味斋食品有限公司"，专卖烧饼之类），很多婆婆级人物在那里排队购买，让我嘴馋死了。可是不想排队，我们直接去找饭馆解决肚子问题。不费吹灰之力，我们就找到了一家有名的面馆。味道真不错，是我喜欢的类型。不过作为南方人，我还是喜欢吃米饭，一周吃一次面还是可以的，吃多了腻而乏味——说得严重一点，如果要我天天吃面，我想我会很快死掉。

味斋主人为我们找了一家布丁酒店连锁观前总店，环境真的很不错，装修得很可爱的那种，很是适宜年轻人特别是那些外出旅游的小情侣们居住。室内以黄色调为主，而且墙上画了很多漫画或图案之类的，非常时尚，非常活泼可爱，让我们坐在里面就感觉非常之爽，想着晚上一定会做美梦的那种。美中不足的是，浴室是玻璃的，而且没有门，虽然是一家人，可是觉得怪不方便的。总体来说还算满意，这样的结果也让欢欢心宽不少。他一直担心对我们照顾不周，其实作为一名学生，一个消费者，大老远的坐车跑来接车，能做到这一点，已经非常不错了。

接下来的这几天，由于学校离市区较远，欢欢每天坚持早起坐公交车到布丁酒店报到，然后带我们到各个景区游玩。苏州的园林很多，在欢欢的建议、策划和安排之下，我们放弃了广告做得好其实并不怎么样的拙政园（欢欢语），而选择了网师园；还去了著名的园林虎丘，刚好里面正在举办花卉展，比花城还漂亮啊；我们还慕名前往闻名中外的寒山寺，期间拍了很多相片。游玩的经历不一一述说，下面要特别提一下的是，我和味斋主人去逛苏州美术古旧书店的事情。

味斋主人是一位学者（所谓学者，从广义上来说，就是指爱学习的人），经常去旧书店淘书，尤其喜爱有关陈寅恪的著作。我们经常会在他的博客里得知，某年某月某日，他又淘到了什么什么书，让人好生羡慕。在没有去苏州之前，我就和他说过，要他带我去苏州的古旧书店逛逛。在离开苏州的前一天下午三点多，我和味斋主人步行穿过观前街（期间还特意买了 10 个烧饼，我和味斋主人立马干掉几个，那个美味啊！），前往苏州美术古旧书店。书店总共只有两层楼，没有我想象的那么大，而且书也不是特别多，我觉得，若就古籍而论，比起广州北京路的古籍书店差多了。作为图书馆人，自然对图书馆学的专业书籍最感兴趣了，而我此次前往书店的目的，也是看看能否淘到 20 世纪 80 年代之前出版的图书馆学专著。就在味斋主人去洗手间的空隙，我居然淘到了几本 20 世纪 80 年代初出版的图书馆学专业书籍，包括北京大学出版社出版的图书馆学教材及国人翻译的日本的相关书籍。

　　味斋主人已经保研成功，是南京大学信息管理系的准硕士生，即将师从叶继元教授。我经常跟味斋主人提及国内著名的民国图书馆史研究学者、江南大学图书馆的吴稌年老师，而味斋主人则经常向我提及江湖上称为"图匪"的他的才华横溢的师兄顾烨青，而且一直想找时间过去拜访他们，只是由于各种原因始终未能成行。而在接下来的时间里，当我去无锡拜访景仰已久的吴稌年老师时，我居然巧遇顾烨青，这让我感到异常的惊喜，这是后话，日后慢慢叙说。

（2011 年 4 月 18 日）

"博导"味斋主人出书啦！

昨日下午收到了味斋主人从南大寄来的《钱亚新别集》，而且是五本。味斋主人打算让我做中转站，把他的新作转交给在广州的其他四人，包括竹帛斋主、图乐、晓源和 XP。味斋主人不知道，他的师兄顾烨青的师傅吴稌年老师明天就要来广州了，而味斋主人是想赠送一本给他的。不过无所谓，这个光荣的中介任务，由顾烨青来完成就好了。

中国图书馆界的从业者，有人说都是在填报志愿的时候不知情，被骗进来的——不信大家可以统计一下由俞君立、黄葵和罗武建主编的、武汉大学出版社出版的《中国当代图书馆界名人成功之路》——在骗进去之后，许多人不得不接受现实，安于现状，慢慢习惯这个专业，其中的一部分人甚至开始喜欢上这个专业。而钱亚新先生则完全相反，他是自愿的，并且从一开始就喜欢上了这个行业，与图书馆界有着不解之缘。

以上有关事实，是通过阅读味斋主人整理的这本书的钱亚新自传得来的。叶继元教授还专门为此书写序，字里行间，充满了对图林新人味斋主人的进步而感到的欣喜与寄予的厚望。最引人注目的是味斋主人亲笔写的"后记"，从中可以知道他专业学习的心迹及对钱亚新钟爱的来龙去脉。这本书的出版，据味斋主人所说，不仅得到了院里老师的大力资助，而且还得到了南大出版社的大力支持，它的出版，是味斋主人数年辛苦的结晶，更是众人合力的结果。

数年前，当我得知味斋主人有意整理钱亚新的文集时，我觉得对于一个初出茅庐的人来说，这是一件很难的事情。而昨天下午拿到了味斋整理的《钱亚新别集》的那一刻，我感到异常的激动与兴奋。不得不承认，味斋主人是一位身体力行的人，除了他的年轻，更有他的执着，以一股初生牛犊不怕虎的精神，在图书馆学这条平凡而艰苦的道路上，取得了与他小年纪不相称的大成绩。我相信已经准备硕博连读的味斋一定能够实现自己心中的理想，成为名副其实的让人敬仰的博导。

味斋主人说，他的博士论文准备写《钱亚新图书馆学学术思想研究》或者《民国时期图书馆学期刊研究》，而且他更倾向于前者，因为这已经有了数年的积累，写起来并不会感到困难。我相信，年轻的味斋主人定能以自己的勤奋、执着与智慧，为学界带来一个又一个的惊喜和快乐。

（2013 年 6 月 12 日）

味斋主人与钱亚新

　　或许见到这个标题的人，会发出这样的疑问：一位是南京大学冉冉升起的图书馆学新星，而另一位是已经逝世22年的图书馆学前辈，味斋和钱亚新到底是什么关系呢？

　　钱亚新是江苏宜兴人，百度百科里面有比较详细的介绍，不过按照味斋主人的说法，"这个百科上面有些东西说的不是很准确"。味斋主人也是江苏宜兴人，我想这可能是他对钱亚新如此关注和执着的重要原因（当然钱老的学术成就也是吸引他的重要因素）。味斋主人对钱亚新敬佩有加，早就有了为钱老著书立说之心，多年前已着手搜集相关资料，只是苦于没有第一手资料而一直未敢下手。

　　来到金陵求学之后，味斋主人可以经常到访钱亚新曾经战斗过的地方——南京图书馆。在南京市图书馆的帮助之下，特别是在白国应先生和邹婉芬女士的引荐之下，味斋主人终于见到了身为机械师的钱亚新的儿子钱亮。对于有图书馆学新锐对自己的父亲如此崇敬，钱亮的心情肯定是高兴无比的，或许恨不得把家父的光辉经历与珍秘手稿全部呈现出来。可以想象得到的是，接下来味斋主人与钱亚新的故事会更加精彩，因为味斋主人终于可以近距离地了解自己所崇拜的前辈，实现自己多年来为其立传的梦想。

　　在一个初冬的午后，味斋主人在南京一家机械化研究所的宿舍里再

次见到了钱亮。在三个小时的交谈中，钱亮向味斋主人详细叙说了自己父亲平凡却不简单的一生，父亲趴在那张破旧的书桌上奋笔疾书的身影已经永远留在了他的记忆深处。果然不出我们所料，钱亮展示了他父亲的许多家底，包括他遗留的照片，并且赠送了一些钱亚新的手稿以及两幅照片给味斋。

钱亚新的一生是平凡而伟大的一生，他把自己的青春甚至生命都献给了祖国的图书馆事业。味斋主人曾说，如果没有"文革"这十年的话，以钱亚新先生之勤奋，肯定能出不少成果的。我想味斋的心里是为钱亚新这位前辈的遭遇感到惋惜的。以味斋主人的天资和执着，我相信他不会让这份惋惜和遗憾延续太久，终有一天，他会把一个完美的图书馆学前辈奋斗不息的光辉形象清晰地展现在我们前面，我们期待《钱亚新未刊合集》和《钱亚新传》早日面世。

（2012 年 1 月 12 日）

肖鹏与中国参考咨询史

认识肖鹏（XP），是几年前在他读大二的时候。那时本校有一位做网管的信息管理学专业的本科生，不知从哪里获得了他的一篇杂文"忏悔书与立言志"。那是一篇完全用文言文写作的励志之书，文采极其生动，古文功底深厚，是近年来罕见的奇文。只可惜这篇文章，现在已经无法找到了。

XP 小时候到底受了多少苦，我们是无法想象的。他的父亲偏寓乡野，晚年得子，望子成龙心切，所以对他异常的苛刻，要他每日背诵古文和诗歌，他的古文功底，完全得益于他年幼时的家教，以及自身的寒窗苦读（我最欣赏努力之人，因为努力不一定有希望，但是不努力的话就一点希望都没有）。后来上中学和大学之后，又广泛涉猎文史哲方面的书籍，所以他的知识面很广，他写的东西是很有看头的，文言色彩浓厚，文章见解独到，深受许多同仁的喜爱。以他 2009 年第 8 期在《图书馆学研究》所发表的"云计算对图书馆事业的双重影响"为例，根据 CNKI 的统计，到今天为止，下载频次已经达到了 1138 次，被引频次则高达 36 次，对于一个在校的硕士研究生来说，这样的数字是非常罕见的，这足以说明他的文章受欢迎的程度。

XP 喜欢把他的文章，在投稿之前，发给我看，这是他信任我的缘故。事实上，图林五散人当中，除了味斋主人比较独来独往之外，其他四个人的文章都是互相审阅的。Follaw 的文章我是越来越看不懂了，因为里面应用了很多心理学的术语以及计量学的方法；图情牛犊的文章偏向于基层图书馆，也是非常有特色；XP 的文章文白夹杂，观点尖锐，我是最爱看的，只是他的很多时间都用在学生会工作和应付课程作业去了，所写的论文并不多，不过许多都是精品，耐人寻味。

几个月前，XP 把他的长篇大论"中国参考咨询史"发给我看并希望我提意见。在国内图书馆学界，研究参考咨询的学者很多，而研究参考咨询史的学者却少得可怜，其中吴稌年、詹德优、龚自振、杜懋杞等学者在这方面做出了有益的探索。XP 的这篇文章很长，有四万多字；尾注很多，超过了两百个。光看目录，就让人眼前一亮，其中的章节标题，颇有章回小说的味道；文章的内容，个人的评论很多，秉持他一贯的风格，读来让人兴趣盎然。不过也正是因为文章的主观评论太多，让人感觉它更像是文学创作作品。文章总体感觉良好，依我个人的看法，总评 85 分不成问题，已经达到了《中国图书馆学报》和《大学图书馆学报》的发文标准。

可是问题又来了，对于一个还只是初出茅庐的年轻人来说，《中国图书馆学报》和《大学图书馆学报》是不可能慷慨版面刊登或者连载他那四万多字的文章的，因为这并没有先例可循；而 XP 又不肯把他这篇颇为完整的论文压缩或者拆成几篇发表，这是可以理解的。但是对于其他十多种核心期刊来说，他的这篇文章，确实是一篇难得的机遇与挑战。我曾经说过，这是一篇内容精彩、学界罕见的好文。众核心期刊编辑都是非常爱才的，他们不会轻易漏掉任何好的学术作品。我相信，用不了多久，这篇文章就会名文有主，让读者一饱眼福了。

这可能是我写 XP 与图书馆学有关的最后一篇帖子了，因为 XP 已经找到了工作单位，彻底与图书馆界绝缘。读书的目的也就是为了找一份好的工作，而他目前需要一份好的工作来赡养年迈的父母，这是最现实的。

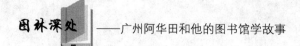

　　XP 是一位有福有禄之人，我是极为相信我的眼光的。或许有一天，他成为程焕文第二也并非没有可能。让我们拭目以待吧。

　　祝福 XP!

（2011 年 12 月 28 日）

"2008 年感动中国十大人物之竹帛斋主" 颁奖词

当我们静静地坐在家里喝着甜蜜蜜的阿华田、嗑着香喷喷的恰恰瓜子时，他却不辞劳苦，跋山涉水，翻山越岭，带着全中国图书馆学人的希冀和梦想，来到四川地震灾区，慰问那里受苦受难的图书馆同胞及其家属。他是中国倾力弘扬"图书馆精神"的第一人，他以超世纪的眼光提出了"用户永远都是正确的"这一石破天惊的观点；他刚直不阿，嬉笑怒骂，痛批中国图书馆发展的整体非理性状态，直陈中国图书馆学人所进行的是自娱自乐的学术活动；他是享受国务院特殊津贴的有突出贡献的专家和学者，是被尊称为"南程"的中国南方图书馆学、情报学界最重要的代表人物；他是中国最具影响力的"图书馆博客世界"盟主、国际图联图书馆史专业委员会执行委员，他有一个响彻云霄的比他的真名还劲爆的网名——"竹帛斋主"（简称"斋主"），他是一位"思想的裸奔者"，带领中国图书馆界众多"喽啰"们进行"思想的集体裸奔"，使中国图书馆学研究迈向了繁荣昌盛的草根时代！他就是我们本期"2008 年感动中国十大人物"的主角之一、中国最具感召力和号召力的图书馆理论家与实践家——中山大学图书馆馆长、传播与设计学院院长、历史系历史文献学与资讯管理系图书馆学博士生导师程焕文先生！

在全国哀悼日中的 5 月 21 日夜晚，程焕文先生向中国图书馆界发出了《抗震救灾重建图书馆家园倡议书》，并制订了《图书馆家园：援助图书馆人计划》。到 6 月 14 日，在短短的 23 天时间里，程焕文以他个人的号召力和魅力，发动了 400 多位图书馆同仁捐款，募得了人民币 124 万元，美元 3900 元，新台币 12 万多元。能在这么短的时间内在生活处于"水深火热"之中的中国图书馆馆员中募集到如此多的钱，实在是一件了不起的事情。

6 月 17 日，程焕文把善款用包装绳捆在腰间，化装成农民工，扛着装有 400 多本《图书馆家园：援助图书馆人计划》宣传册的箱子，踏上了抗地震救馆员的征程。一个知名的教授，一个著名的院长，居然可以毫不犹豫地放下自己的身段，当起了搬运工，令人敬佩！

当日下午，程焕文找到了一家最便宜的旅社，虽然已经是饥肠辘辘，但是他为了给灾区人民节省一点口粮而拒绝再进午餐，只是休息了片刻，便电话联系相关人士。晚上因有同仁入住，为了第一时间第一速度发布抗震救灾行动新闻，他洋洋洒洒地写下了数千言博文，让千里之外的图书馆同仁体会到了新闻的快感。

6 月 21 日，程焕文向全社会呼吁探望身受重伤正在南京某医院就医的北川县图书馆馆长李春同志。6 月 22 日，他登上了从成都双流机场开往南京的飞机，经过数小时的辛苦旅途，终于到达了南京禄口机场。可是，令他遗憾的是，为了搭乘晚上即将起飞的班机赶回中山大学黄达人校长办公室参加重要会议，程焕文没能前往市区探望正在病床上的李春馆长，而只能在禄口机场候车大厅外将慰问信、受援确认书、图书馆家园旗帜、胸标、人民币 3 万元，以及四川省图书馆学会托他带给李春馆长的信件悉数交给另一位同仁，并告知前去慰问的具体事宜，交代完毕拍摄了"交接仪式"照片一张。

在禄口机场候车大厅外那张只有两个人的相片上,"惆怅"两个字深深地印在了他的脸上,他为没能实现亲自去看望李春馆长的愿望而感到十分遗憾和惭愧。当时的心情或许只有他一个人能够体会。但是,不管是北川县图书馆李春馆长,还是四川图书馆界的同人,甚至是全中国图书馆界人士,都认为程焕文先生的赈灾之旅是一个完美的义举。程焕文先生以其崇高的图书馆事业和图书馆职业精神,感染着每一位中国人,他已经成为中国图书馆学、情报学人的楷模,他的名字已经深深地印记在了中国人民的心灵深处。

(2008 年 6 月 24 日)

恩师乔好勤

　　我很少写有关乔好勤老师的博文或帖子，一想到他，心里只有"感激"两个字。我是一个性格内向的人，沉思冥想（"胡思乱想"更贴切）的时候很多，有什么事都是藏在心里，不善于表达出来，只是用心默默地感受和承受。

　　五年前，当我研究生即将毕业，正在为自己的工作而忙碌奔波的时候，我敬爱的父亲不幸遭遇车祸，永远离开了母亲和他的孩子。在我无法承受沉重打击、伤心欲绝之时，是我的恩师乔好勤老师，不断地安慰我、开导我，使我度过了生命中最黑暗的日子。乔好勤老师这么多年来对我的好，也许远远超过了他的其他弟子，他就像我的再生父亲，无时无刻不在关心我、爱护我。我很庆幸自己在短暂的人生旅途中遇到了那么好的恩人，这是值得我一辈子珍惜的幸福。

　　找工作并不是一件容易的事情，我想几年前很多像我一样的毕业生已经深切地感受到了这个事实，更不用说竞争更加激烈的今天的研究生了。坦白说，在我找工作的过程中，我是得益于导师的声誉和名气的。乔老师从教几十年，桃李满天下，很多图情界的领导都是他的学生。作为导师的两名硕士关门弟子之一，不可能不引起师兄师姐们的注意并获得他们的帮助。在离毕业还有很长的一段时间时，乔老师曾经帮我写了一封推荐信给深圳职业技术学院图书馆，最终因为某种原因而未能

成行。

乔老师想把我留在他的身边——他的很多学生都从商或者转行去了，他想找一个人帮他编辑和校对书稿都很难，把我留在身边不失为一个理想的选择。如果说乔老师就像我的父亲一样的话，那么王富民馆长就是我的衣食母亲——事实上她很年轻，是有名的美女馆长。虽然她已经退居二线数月，但是她在我心目中的地位永远不会改变，她永远是我尊敬和感激的领导——我想这种感情跟云南大学毕业的图情牛犊之于云南农业大学图书馆的赖毅馆长的感情是一样的，无论岁月如何改变，也改变不了这种感情。

7月中旬的某一天，图情五散人去拜访和采访了乔老师，Follaw 因有事要赶回重庆而提前回去了。在他稍显简陋却充满书香味的客厅里，乔老师为我们讲述了许多有关他过去的事情：他在河南图书馆工作的日子、他考图书馆学研究生的故事、他在武汉大学求学的时光、他在华南师范大学图书馆和信息管理系创业的岁月，还有他的同事、他的导师、他的同学、他的弟子……这篇访谈录已经整理出来了，我想把它投给图书馆学专业期刊，作为明年乔老师七十大寿送给他的礼物，希望乔老师能够喜欢。

愿恩师健康长寿，幸福永远！

（2011 年 9 月 23 日晚于小谷围岛）

范并思前辈

范并思教授是我们熟悉的人物，我想每一个曾经从事或者现在仍然继续从事学术研究的人，没有人未曾听说过这个如雷贯耳的名字。从1982年在《图书馆学通讯》上发表《孜孜不倦的图书馆学家——纪念阮冈纳赞逝世十周年》一文起，范并思教授就活跃于中国图书馆学界，数十年来笔耕不辍，在重要的刊物上发表了140多篇学术论文并出版了数部专著，其对中国图书馆学学术影响之深远程度，绝非一般人所能企及。

如果把图书馆学分为图书馆学理论、图书馆技术、图书馆史三派的话，范并思教授则属于图书馆学理论派。在国内图书馆学界，长期致力于图书馆学理论研究并作出成绩的人物并不多见，除了已故的武汉大学的黄宗忠教授之外，北京大学的吴慰慈、王子舟，中山大学的程焕文，黑龙江大学的蒋永福、傅荣贤，南开大学的于良芝等学者都对图书馆学理论做出了重要的贡献，而范并思教授则是其中最活跃也是影响最为深远的图书馆学家之一。

从2003年读研起，范并思这个响亮而神秘的名字就一直伴随着自己的学习和成长。虽然我从来没有在正式的场合公开称赞范并思教授，但我对其的学术素养却随着自己的成长而敬佩有加。我也一直想拜访这位图书馆学界的重量级人物，只可惜去年春天的上海之行与刘炜会见

时，没能够与仰慕已久的范大教授见上一面。

范并思教授的学术思想是引起了国内图书馆学界的足够重视的，到目前为止，已经有韩继章、陈纪建、杨鸿敏、张白影、王宗义、金胜勇、崔红娟、文榕生等学者写了约十篇的相关文章阐述其人或者其思想。图书馆人物研究是图书馆史研究的重要领域，而范并思教授的图书馆学思想也是我日后的必要选项。对于这样一位在中国图书馆学史上具有重大影响的人物来说，其图书馆学思想无疑是值得我们挖掘和借鉴的。或许再过几年，在我修炼到一定程度的时候，我会认真地写一篇"范并思先生图书馆学思想评述"或者"范并思先生与中国图书馆学"，以表达自己对其深深的敬意。

范并思教授同时亦是一位知名的博客写手，拥有一个同样知名的网名"老槐"，但是我更喜欢他的学名。范并思教授的道德涵养与他的学术素养，同样令人钦佩与尊重。去年年底，在我最失意的时候，"书社会"的唐野琛（Miss Tang）告诉我说，范并思老师让她转达对我的安慰，鼓舞我振作起来，并说相信这个社会还是会有公平和正义存在的。范并思教授对后学的殷切关爱之情，已经深深地留在我的心灵深处。

华东师范大学没有图书馆学博士点，这令人感到遗憾，不然范并思教授早就是博导了——他完全有这个实力。不管怎么样，儒雅而睿智的范并思教授在我们的心目中，早已是一位超博导级人物。

（2012 年 2 月 3 日）

图乐与晓源

图乐与晓源，是岭南图书馆学术阵地《图书馆论坛》的"两驾马车"，一位是编辑部主任，另一位是执行副主编，把他们比喻成论坛的左臂和右膀，实在是再贴切不过了。

图乐毕业于中山大学历史系，大名刘洪，历史学专业毕业，从事图书馆学期刊工作，对于图书馆学期刊人文气息的提升，我觉得是再适合不过的了。认识图乐，是在我不常去的气氛有点郁闷的"书社会"。如果要说 2011 年逛"书社会"给我带来了什么，我觉得最值得庆幸和回忆的是认识了早应该认识的图乐老师。图乐是一位非常真诚的人，对人对事没有任何的掩饰，即使是认识未久，从未谋面，亦可以从他的留言和交谈中体会出来。同处一座城市，我和图乐之间的物理距离并不遥远；在认识他之后，去编辑部拜访他以及晓源老师成为我心里的一个愿望。

图林五散人的广州聚会，让我的这个愿望终于变成了现实。

先前与图乐发过两次短信，第一条短信说明我们将前往编辑部参观学习的意愿，图乐老师没有回复，这让我顿生疑惑——或许图乐老师很忙根本没有时间招呼我们或许他们并不欢迎我们，而且我们的冒昧前往也有可能打扰他们的日常办公和他们的工作计划。我心里在掂量是否应该取消这样的安排，广州很大，景点很多，名宿更多，并非一定要拜访

《图书馆论坛》，我只能以这样的言语来安慰自己。

当重庆的 Follaw、云南的图情牛犊、苏州的味斋主人到来的时候，我再一次发短信给图乐，可这一次，让我感到异常的意外——图乐老师用手机发来了热情洋溢的长长的回信：

"田兄，我很高兴认识你们。作为中山大学人，又都在图书馆这个江湖，虽然我们不能改变世界，但我们还是能为行业做点什么，至少我们能坚持，不能被别人改变。以后有时间，多联系，有机会，共同做点事情，让我们这个沉闷的行业多点色彩……"

图乐老师同时在"书社会"留言，盛情欢迎我们前往参观指导工作。他的真诚和热情，让我们感动。从此我们更加了解了这位真诚而执着的图书馆学期刊编辑。

7月11日下午，我和上述的三个人，外加中山大学的 XP（也就是传说中的图林五散人），一起前往我们早已向往的《图书馆论坛》编辑部。虽说只是参观，我心里还是感到不安的——2007 夏天的那篇《国内图书馆学、情报学期刊点评》，我毫不客气地批评了当时的《图书馆论坛》，正所谓爱之愈深恨之愈切。也正是因为这一篇点评，让许多人，包括中山图书馆的人，认识了我，支持者众，但亦不乏持不同意见者。不管过去怎样，反正时过境迁，而且编辑部也已经人事变动，再纠缠于过去的是是非非并不是明智的人所应有的举止。图书馆和图书馆人应该一切向前看，为了自己也为了行业的明天。

图乐老师很忙，我们完全可以理解，国内图书馆学、情报学期刊界的编辑，我想没有一个是清闲的，要想清闲就不要去编辑部工作。当我们到达中山图书馆的时候，电话得知图乐老师正在从外面赶回来。这让我们有时间在图书馆一楼的书市随意翻阅图书。图书的种类很多，价格也很便宜，最让大家欣喜的是，里面有很多毛边本——对于味斋主人和图情牛犊这样的学者（爱学习的人）来说，这是最好不过的事情了。

果然，味斋主人就购买了徐雁老师一本游记的毛边本（如果我没有记错的话）。而我也淘到了一本著名的翻译家傅雷翻译的《罗素论幸福》。罗素是我喜欢的哲学家，他的西方哲学史，他的自选文集，他的中国问题研究，早已成为我枕边常备的读物；而傅雷的翻译水平自然不容置疑，这让有志于国外图书馆学经典著作翻译的我，更多了一分喜爱和敬意。最让我们高兴的是，我们发现书店的墙上贴了许多顾客的照片，店主还特意邀请我和图情牛牍合照了一张（她们并不知晓图情牛牍是我国著名的图书馆学博客写手和学术新秀）。我相信不久之后，在那一面墙上，一定会出现一张数十年之后更显珍贵的图书馆学人的记忆。

图乐老师匆匆赶来，急着和我们打招呼，这让书店的老板娘惊奇不已——原来我们是编辑部领导的客人。在图乐的带领之下，我们来到向往已久的论坛编辑部办公室。走进房间，只见一位头发花白的长者微笑着迎面走来，一一向我们握手——这就是传说中的著名的论坛执行副主编张晓源老师。对于晓源老师，其实我早就认识（只是他不认识我而已），早两年他出席过我们学校图书馆文博馆的开馆典礼，早就对他的儒雅和睿智留下了深刻的印象。只是让人感到心酸的是，三年未见，晓源老师的白头发更多了，这一定是编辑工作的辛苦和劳累所致。果然，在接下来的交谈中，图乐老师都特地向我们介绍晓源老师的一些情况，包括晓源老师带病审稿，甚至是在住院躺在病床的时候，也不忘审阅作者的稿件，其辛苦的程度和敬业的精神可想而知。晓源老师让我想起了《国家图书馆学刊》的前任执行副主编陈清慧老师、《图书馆》的现任执行副主编陈瑛老师以及很多很多的图书馆学、情报学界期刊的编辑，他们把自己所有的精力甚至健康都搭在了这个事业上，为这个学科和事业呕心沥血、默默奉献。我当初也有做编辑的梦想，而且梦想做中国最好的图书馆学期刊主编——现在想想，我是否有这样的吃苦耐劳的思想准备，是否得重新考虑我当初的计划和设想。

　　图乐老师称我们为"五大博士"，弄得我们忙着解释我们不是从武汉大学来的，而且并不都是博士。我们七个人就这样开诚布公、毫无拘束地聊期刊、聊学术、聊人物、聊与图书馆学和图书馆事业有关的一切，丝毫没有觉察时间在我们的谈话中悄然流逝。围坐的桌子旁，看看摆满的从全国各个编辑部赠送的现刊，让我们可以一览图书馆学、情报学期刊并对其进行初步对比和研究，很是激动。图乐和晓源老师，都是感性和理性兼具的人。他们都怀揣有远大的梦想，但是又不得不面对现实的种种羁绊。虽然他们面前的路还很长很长，但只要心中存有梦想，并且不言弃不放弃，梦想总会变成现实。我们相信，《图书馆论坛》在他们的辛勤耕耘和精心浇灌下，终有一天会长成参天大树，美丽而壮观。

图林五散人参观访问《图书馆论坛》编辑部

（前排：广州阿华田、晓源、图乐；后排：XP、Follaw、味斋主人、图情牛犊）

　　托刘洪辉馆长的福，图乐老师请我们去吃了一餐饭，很遗憾的是，晓源老师因为有其他的事情而未能前往。转移阵地之后，我们继续再聊，从下午五点多一直聊到晚上九点多，话题一个接一个，聊得天昏地暗，聊得不亦乐乎。若非我善意的提醒，那天晚上可能真的要聊到十二点了，而那个时候，地铁也会关闭了。酒逢知己千杯少，话不投机半句多，而我们却聊了一个下午和半个夜晚，也许，这就是传说中的缘分吧——我们从此和《图书馆论坛》结下了不解之善缘。

祝福图乐和晓源，祝福《图书馆论坛》！

（2011 年 6 月 27 日）

又见孟前辈

托韩淑举老师的福，几天前又收到了《山东图书馆学刊》寄来的第六期赠刊。这一期刊物依然是名家名文荟萃，既有北大王余光的《2010 年文献学研究进展》，傅荣贤的《作为上行文书的刘向叙录》，韩淑举的《我国近代呈缴本制度探析》，还有胡立耘的《具有'阅读便览'性质的〈全民阅读参考读本〉》。而让我印象最深刻的，当属韩老师对国家科学图书馆孟广均教授的访谈录。

早在八年前，我还是在读硕士的时候，经济与管理学院领导邀请孟老师前来为我们做讲座。虽然时隔久远，讲座的内容已记不清楚，但是孟老师的儒雅形象已经永远留在了记忆的深处。在开讲之前，孟老师静静地坐在讲台上，戴着一只单线耳塞，酷酷的样子。我以为他是在欣赏音乐，或者是在讲课之前放松一下自己的心情。课后才从他人之处得知，孟老师的听力在青年时期当兵的时候受损，这不禁让我对他产生了几分敬畏之情。

韩老师写的这篇访谈录，我想应该是最长的一篇了。在临近放假的时候，由于会议和杂事很多，断断续续才把这篇凝聚孟老师学术心得与体会的文字看完。孟老师教导我们要有追求（有梦想才有动力），要有劲头（努力才有希望），打好基础（根深才能叶茂），掌握外语工具（做学问宜放眼世界），养好学风（严谨才有深度），有个良好心态（专心才能成才），读来让人受益匪浅。孟老师以林语堂先生的"两脚踏东西文化，一心学今古文章"作为自己的座右铭，博览群书，著作等身，成为新一代图书馆学青年学习和效仿的楷模。

看着孟老师那一长串论著目录，我们怎能不佩服他的"学问人生"？孟老师把自己一生最美好的青春，都献给了祖国的图书馆事业和图书馆学研究，至今笔耕不辍，继续为中国图书馆事业而奋斗不息。孟老师在从事图书馆学研究的同时，还翻译了数本国外有关未来学的著作。如果孟老师能翻译几本国外图书馆学经典著作，那真是中国图书馆学界的福分。以孟老师的外文功力，我想这是一点问题都没有的。只是人的精力有限，我们至今还没有看到孟老师有相关的计划，这是唯一令吾辈觉得遗憾的事。

孟老师以自己的亲身经历，阐述了作为一名专业刊物编辑所应具备的素质。我想从访谈录的字里行间，读者已经找寻到了这个问题的答案。更确切地说，孟老师以其崇高的品德、负责的态度、良好的教育、流畅的文字、扎实的技能、广博的知识，已经成为图书馆学期刊界的典范。作为学刊的一名编辑，韩老师在繁忙的工作之余，亦努力从事专业学术研究，以自己的实际行动，沿着孟老师等前辈所指明的方向不懈努力，成为一名受读者尊敬和欢迎的学者型编辑。

（2012 年 1 月 16 日）

著名图书馆学家吴稌年印象记

　　环视中国图书馆史研究领域，谁是最勤奋、最高产的作者？毫无疑问，非江南大学图书馆的吴稌年研究员莫属也！这是有充分证据的——无论是在 CNKI 还是维普资讯上，吴稌年老师有关图书馆史的研究论文堪称海量，无人能出其右。中科院国家科学图书馆 2009 级情报学博士生庞弘燊在《国家图书馆学刊》2011 年第 1 期《1979—2010 年我国图书馆史研究的定量分析》一文中，对 30 年来图书馆史研究的论文进行了计量分析，吴稌年老师以无可争辩的实力，成为中国图书馆学界图书馆史研究领域的最高产作者，让人佩服得五体投地！

　　此次华东之行，除了领略江南秀美的园林风景之外，最主要的目的之一，便是要会见吴稌年老师。4 月 15 日下午两点多，当我们坐在从扬州开往无锡的客车上时，吴稌年老师发来了短信，询问我何时到达目的地。虽然我们之前未曾谋面，可是我们并不陌生，我们互相通过邮件，发过短信，最主要的是，我常常从国内几乎所有的图书馆学核心期刊上拜读吴稌年老师的文章，就如同与一位大智大慧的儒者谈话。事实上，吴老师的研究方法，特别是他高产的原因，是我一直以来努力探索之谜。想到即将见到仰望已久、全国知名的学者，我的心情止不住地兴奋。

　　我本可以驱车前往吴稌年老师工作的地方，一睹江南大学图书馆的奕奕风采，可是到了 3 点 35 分，我们才找到想要去的那家布丁酒店连锁，而且已经是大汗淋漓。市区离江南大学还很远，据说坐的士也要半个多小时，而吴稌年老师说他们 4 点半就要下班了。于是我打消了去江南大学图书馆的念头，打电话问吴稌年老师晚上是否住在市区，这样的话我们晚上就可以一聚。刚好吴老师说他正好住在市区，所以我放下行李之后就逛街去了，顺便可以等吴老师过来。过了半个钟头左右，我发短信得知吴老师马上到达之后，我急忙往酒店赶。

　　没过多久，小清打来电话，说吴老师已到酒店，让我赶快回来。我急忙跑上去，见到了慕名已久的吴老师，兴奋得和他紧紧地握手。吴老师看上去比他的实际年龄小得多，非常慈祥、和蔼、儒雅而有大家的风度。前一天在扬州大学与周美华老师见面的时候，她就很羡慕我会去见吴老师，说吴老师非常有名。这个当然她不说大家都知道吴老师是名人，呵呵！让我意想不到的是，吴老师还带来了图书馆学可畏的后生、江湖上人称图匪的顾烨青。中国图书馆界的逛馆专家程亮（张锋）在我面前提得最多的后生也许要数图匪了，而图匪的才华也得到了《大学图书馆学报》王波老师的青睐。图匪戴着一副眼镜，身体偏高而消瘦，显得非常的斯文，不过性格非常外向，而且非常健谈，我们虽然刚刚见面，却好似已经相熟多年的老朋友了。

　　从楼上出来，我们找了一家不错的餐馆坐了下来。不知道是不是见到了偶像的缘故，我那天下午的话特别多，感觉跟平常很不一样。与吴老师相见，最重要的是向他学习写作的方法。从谈话中得知，吴老师喜欢做读书卡片，据图匪的介绍，吴老师的读书卡片已有一万多张，由此可见其读书治学之用功程度，让人惊羡不已。天才是百分之九十九的汗水加百分之一的灵感，这句话在吴老师的身上也是相当的适用的。吴老师是一个学术高产大户，这是众所周知的事情，然而极少有人知道这些成绩的取得的背后所付出的艰辛和汗水——吴老师在周末和寒暑假的时候，每天夜里三点多起来一直到早晨六点，在灯光之下奋笔疾书；六点至七点健身（或跑步或骑自行车，有时打乒乓球——据图匪说，吴老师还是学校乒乓球比赛的冠军，而且还会编舞，舞蹈也跳得特别好——我说难怪他的身材那么好！）；七点吃完早餐之后继续写到午饭；午饭之后午休；午休之后继续写作……，凭着坚忍不拔的毅力和孜孜以求的精神，吴老师完成了一篇又一篇出色的论文，为我国图书馆史研究留下了不朽的篇章。

图匪特别令人羡慕，因为他和吴老师在一起，可以天天向吴老师学习——我国著名的逛馆专家程亮曾经想象，吴老师和图匪一起打太极的场景会是多么的美丽而壮观！图匪是图书馆学界难得的人才，是深得期刊编辑们喜爱的图书馆学后起之秀。我想他一定从吴老师身上学到了许多有益的东西，不仅仅是学习与研究的方法，更有生活与做人的道理。难怪小清说，吴老师和图匪两人的性格非常像，就像父子俩一样。古人云：与善人居，如入芝兰之室，久而不闻其香，即与之化矣。天天跟图书馆史研究的重量级人物共同战斗的图匪，夜以继日地耳闻目睹大师的言谈举止，不想进步都很难啊！

这一顿饭我吃得非常慢，是所有五个人当中最慢的一个，只因为兴奋起来，说了一大堆的话。我本应该请吴老师吃饭，因为我是晚辈，晚辈请老师吃饭是很应该的事情，最主要的是我从老师身上学到了许多东西，这是无法用任何其他东西来衡量的。然而最终是由吴老师付的款，这让我感到非常的不好意思。我希望吴老师能很快来广州出差开会，这样我就能有机会回报他的盛情款待，当然我相信这样的机会日后一定会有很多。饭后我们三人继续散步长谈，并用相机留下了许多美好的记忆。虽然无锡这座城市在白天的时候看起来不怎么起眼，但是我敢说，它绝对是国内具有亮丽夜景的城市之一。无锡很美，无锡的夜色更美。

这是一座充满希望和魅力的城市，它在中国图书馆学的历史长河中必将散发绚丽的光彩，而这一切，只因有一位杰出的图书馆史学者——吴稌年研究馆员！

（2011 年 4 月 18 日）

广州，吴稌年先生飘过

"吴稌年"这个名字，我想对于从事和关注图书馆学研究的人来说，如雷贯耳自不必说。这一次，他的名字不是出现在专业期刊上，而是现身于南国的广州。对于喜欢图书馆史研究的人来说，这个消息着实令人惊喜。

半个多月前，顾烨青告诉我说，吴稌年老师将要来广州参观某些高校图书馆。之后向吴老师本人证实，确认他将于6月中旬抵穗，这让我感到由衷的高兴——自从两年前在无锡见到吴老师后，我们已经很久没有再相聚了。于是早早地打电话给《图书馆论坛》的图乐兄和即将重返中山大学读博士的XP。

6月13日临近中午，我收到了吴老师的短信，说已到达广州，并将于下午抵达华南理工五山校区的宾馆。我立刻打电话给图乐兄，可惜他女儿生病了，需要照顾，抽不出身来，只能让我代他向吴老师问好并致歉。随后我再打电话给XP，已经考上博士的他还在上班，但他表示可以抽空溜出来——事实上，早在半个月前，我就已经告诉他这回事，而且他早就爽快地应承了的。

从大学城校区坐临近四点的校车，我早早就来到了市区等候。看着脚上那双旧而皱的皮鞋，我想我应该去买一双新的，以比较好的面貌去会见国内知名的图书馆史学者，这样说来，座落于五山附近的摩登百货是一个不错的选择。

五点多钟的时候，XP 风尘仆仆地赶来，脚上还穿着太空鞋（拖鞋）。我问他为何面见知名前辈也穿得如此随便，他说他上班就是这样穿的——很难想象，网易这样的大公司对员工的衣着（形象）也这么随便，这是我等从未做过白领的人不曾预料到的。我打电话给吴老师，可是令我们惊讶的是，他们已经在石牌酒店旁边的一家饭馆吃完饭了，看来广州美食的诱惑太难抵挡了。

那好吧，吴老师想为我们后生省点钱，我们还能说些什么呢。商量了一阵之后，我和 XP 决定打的去东山口的"广东特产店"买点手信给吴老师。因为之前去过几次，所以几乎没有费什么周折就找到了那家店。特产店汇集了广东各地的有名手信，挑了几件自认为具有代表性的手信包括西关糕点、皇上皇腊肠、莲香楼鸡仔饼等之后，我们出门拦了一辆的士，向华工宾馆直奔而去。

我们毫不费劲地找到了 608 房，吴老师早就大开着房门等着我们了。两年未见，吴老师风采依然，在我看来岁月并没有在他身上发生任何的改变。见到久别重逢的学界朋友，我和 XP 都很兴奋。我们一边喝着茶，一边聊着图书馆学界的人和事，似乎总有着说不完的话题。十点过后，XP 频频看表，不知道他是不是还有约还是不想打扰老师休息，暗示离去，就这样，我们以不舍的心情离开了宾馆。

吴老师执意要送我们到楼下，刚走出宾馆不远，我突然之间想起来忘了一件重要的事——照相合影。和这么知名的人物会面，总要留下点影像记忆吧。

今天上午收到了 XP 昨夜发来的相片。XP 在邮件中特别提及，让我不要把他穿拖鞋的玉照放在博文中。XP 是一个非常低调的人，我非常尊重他的意愿和选择，只是这样一个重要的会面，缺了图片真的少了那么一点点韵味。

吴稌年老师回去了，重新回到了江南大学图书馆那个他为之奋斗了半辈子的地方。无论从哪方面来衡量，吴老师都是我们学习和效仿的榜样。而榜样的力量是强大的，它告诉我们，一个人只要付出努力，并且为自己的理想而坚持下去，同样也会取得骄人的成绩。事实正如我们所达成的共识——吴稌年先生已经成为江南大学图书馆甚至整个中国图书馆史学界一个闪亮的招牌与符号！

明年年底，吴稌年老师就要退休了。不过谁都不会怀疑，以吴老师的执着和勤奋，即使是退休之后，他也会笔耕不辍，继续为我国图书馆学研究发光发热。"图林五散人"将在适当的时候，一起到无锡那座迷人的城市去拜访和请教吴稌年先生，这是我们的愿望，我想这也许亦是国内图书馆史学界众多年轻学者的愿望。

（2013 年 6 月 17 日）

退而不休的学者吴稌年先生

前天，顾烨青在微信里跟我说，吴稌年老师退休已经有半个月了，这让我感到惊讶。虽然早就知道吴稌年老师将在今年年底退休，但是当听到这个消息的时候，还是觉得这个消息来得太快了，心里不免有一种失落的感觉。

我在想，如果吴稌年老师不退休，一直做下去那该有多好，这对于江南大学图书馆甚至整个中国图书馆史学界来说无疑是一种福音。

让我感到高兴的是，顾烨青接着说，虽然吴稌年老师已经退休了，但是图书馆还为他保留着办公室，他没事的时候，几乎天天都来办公室，继续他的学术研究。

看来我的惆怅是多余的，以吴稌年老师的勤奋与执着之精神，以他对图书馆学术的真挚的热爱和感情，他怎么舍得离开图书馆，怎么舍得离开自己持续了数十年的图书馆史研究呢？

想想自己和自己身边的人，绝大多数人都把在图书馆工作作为一种谋生的工具，至于心里有多热爱这个行业，只有自己心里最清楚——而普遍存在的事实是，绝大多数人一下班就想着回家，甚至还没有到下班时间就早早逃之夭夭的也不在少数。与吴稌年老师相比，我们不觉得汗颜吗？

早在去年春天，我就跟吴稌年老师说，等他退休的时候，我们五个人要去无锡看望他。虽然自己嘴里这么说，但是心里却想着，以他的学术成就和在国内的学术地位，江南大学应该会续聘他两年，让他可以继续贡献力量。

可是吴稌年老师退休的这一天终于还是到来了。我们五个人各忙各的事，也各怀心思，什么时候能聚齐也是一个未知数。但不管怎么样，吴老师还是要见的，特别是对致力于图书馆史研究的后学来说更是如此。

吴稌年老师在职业上已经退休了，可是心里还没有退休，他还想为图书馆史研究继续发光发热。中国图书馆史学研究确实需要更多有如吴稌年老师一样孜孜不倦的学者。我很乐意预见在退休的日子里，吴稌年老师能释放更加强大的学术能量，为我们带来更多的成果和更多的惊喜。

再过 22 年我也要退休了，我要加倍努力，沿着前辈所开辟的道路继续前进；同时也呼吁国内图书馆学界青年学子："向吴稌年老师学习！"学习他的废寝忘食和学术高产，学习他的孜孜以求、不懈探索的可贵精神！

（2014 年 10 月 20 日于番禺小谷围岛）

又见 Keven

刘炜（Keven）是中国图书馆学界技术派的重要代表人物之一。

在此次去上海之前，其实我从未与 Keven 谋面，仅通过短信、QQ、邮件和"书社会"联系，并不存在又见之说，只是 Keven 是个公众人物，是国际著名的上海图书馆的副馆长，加上他又喜欢参加各种学术会议尤其是图书馆技术领域的会议，曝光率很高，所以见过很多他的靓照，早就对他留下了深刻的印象，盼望着能早一天见到他。可是这样的愿望，就在即将实现之前，也差一点落空——由于从广州大学城到广州白云机场路途遥远，加上我们计算时间错误，我们延误了登机的时间，浪费了三张机票。在打道回府与不计成本坚决前往之间剧烈的思想斗争之后，做出了重新购买机票的决定，虽然已经没有折扣可打，但是后来的情况说明，这个决定是完全正确的。

Keven 周末没有空，我们约好周一再见面，所以一出虹桥机场，我们就直奔昆山，也就是小清朋友朱朱（朱荣珍）所在的地方。朱朱是一位护士，在昆山中医院工作，我们就住在她新买的商品房里，虽然只是两室一厅，我和小清及妈妈三人挤在一个房间里，但是感觉很惬意，因为房间装修得很漂亮，不管是墙上的壁画还是那个瓶子里的干花，都是我喜欢的类型。朱朱的男朋友很会做菜，在昆山的那两天，基本都在厨房里为我们烧菜，而且做的菜色香味俱全。事实证明，他烧的菜比周

庄那家饭店的菜好吃多了。悠然地在昆山住了两天，第三天一早，我们就坐高铁直奔 Keven 生活的地方。

我原以为 Keven 公务那么忙，早把我们的约定给忘了。不料还在路上，就收到了他发来的短信告诉我们会见的具体时间和饭店，让我好生欢喜。为了便于在接下来的时间里游玩，我们在南京东路的一家小酒店安顿下来之后，就坐地铁往上海图书馆的方向赶。还剩三站的时候，忽然来了一个上海地区的陌生电话，我想一定是 Keven 打来问我到哪里了的，一按接通键就喊他的名字，没想到是一位女士——原来是 Keven 正在开会，怕错过时间，所以安排他的两位同事来接待我们。

在两位老师的带领之下，我走马观花似的参观了上图的一楼和二楼，没有什么特别的印象，只是感觉读者很多，人气很旺。据我的观察，上海图书馆还没有实行学科咨询服务——据上海交通大学的主页介绍，已经实行了学科咨询服务。在公共图书馆开展学科咨询服务比起大学图书馆来难度更大，因为什么样的人什么专业的读者都有，在同一个班次很难安排齐全学科馆员值班（除非他们实行轮班制），而且公共图书馆的读者信息需求的层次，从总体上来说要比高校图书馆读者低得多。上海图书馆只是在图书馆的入口处设立了简单咨询处，我不清楚这个岗位具体的服务内容，不过我大概也猜到几分了。

不用十分钟的时间，我就逛完了一楼和二楼想要去的地方。于是我们在门口等 Keven 开会出来一起去吃午餐。没过多久，只见一位西装革履的人走了出来，满面春光和笑容。"那不是 Keven 吗？"我心里在低咕。没错，正是他！我大声地喊 Keven 并向他招手，他也马上叫了我的名字。我很惊讶地发现同行的还有赵亮老师，呵呵。Keven 比我想象的要袖珍一点，并非高大威猛的那种，不过比我想象的要更加平易近人、儒雅而有风度。我们一边走一边愉快的交谈，就像久别重逢的知己。我向 Keven 汇报了我的一些近况，Keven 认真地听着并不断的鼓励我。自从进入图书馆学这个圈子里来，自己尝到了许多的艰辛，付出了许多的汗水和泪水，心灰意冷甚至萌生了放弃的念头。亲朋好友不断地为我打气，而 Keven 和林海青老师则在其中扮演了重要的角色。如果没有他们的鼓励和支持，我想我熬不到今天，也不会再从事图书馆学研究领域。在此也对一直以来关心和帮助过我的好友们表示最衷心的感谢并致以最美好的祝福！

Keven 是一位很大方的人，这一点不用说，即使是在几年前与他接触的最初时间里，我也能感觉出来。不出意料，Keven 找了一家当地最好的上海菜饭馆，很幽雅很有用餐氛围的那种。菜式很多，厨艺精湛，而且口味偏甜，非常适合从小到大爱吃糖的我，似乎我就是一位天生的上海菜爱好者。Keven 要了一瓶黄酒，虽然我因为种种原因很久没有也不想喝酒了，可是我还是非常乐意与他喝两杯，以表示我的激动之情。Keven 举起酒杯对我的到来表示热烈的欢迎！不得不说，Keven 是一位非常细心的人，由于时间匆忙，我们出来酒店的时候忘了带相机了，Keven 拿出手机，请赵亮老师为我们留下了珍贵的记忆。这不是一张普通的照片，这是一张见证上海人民和广东人民真诚友谊的历史记忆——不管岁月如何流逝，那一份真诚已经永远留在了记忆的深处。

（2011 年 4 月 17 日）

王波@北大

　　早在半个月前，我就告诉王波，自己要趁着去北京高校参观的机会，到北京大学图书馆拜见他。王波发来短信，对我表示热烈的欢迎。

　　王波问我还想在北京大学见谁，大佬除外，说帮我安排一下。我想了想，便列了冯佳、王建冬、吴汉华、张丽四位博士生，而我最熟悉的左平熙师妹，还没有放假就跑回了郑州，错过了与她相聚的机会。若说去北京大学最想见到谁，肯定是王波了。

　　我们约好 6 月 20 日中午一起吃饭。

　　6 月 20 日上午 11 时 08 分，正当我们在北京师范大学图书馆参观、与传说中的 Doctor Lee 交谈的时候，王波发来了短信："怎么还未见翩翩身影？"

　　我会心一笑，王波真的很幽默，他的那本《快乐的软图书馆学》，是我看过的能让我笑出声来的唯一的图书馆学杂文。

　　"正在北京师范大学，等下打的过去。"我轻回数语。

　　匆匆与同事和 Doctor Lee 道别，我小跑着来到北京师范大学门口打的，刚好一辆载有乘客的伊兰特到达。那乘客一下车，我便钻进了车厢，一见到"北京大学"四个字我心里就激动不已，毕竟这是中国最高等的学府，没有人见到它会不兴奋。先前王波告诉我说，从东门一直走到尽头，然后往右转即到。

　　我一边欣赏北京大学的美景，一边想象与王波胜利会师的情景。三年前，书骨精王波写了一篇博文，我记得原来的题目好像是叫"五虎闹北京"的，可是后来再到书骨精的博文目录中翻看，写的却是"五鼠闹北京"了。这样说来，麦牙饮料广州阿华田（书骨精误认为是碳酸饮料）这次进京城当然可以叫作"田鼠进京"了。

　　到了北京大学图书馆的门口，我见到了大幅的胡适生平图片展的广告。胡适是我的偶像，他是民主和自由的象征。我一直在幻想有朝一日能像雨禅一样可以脱离体制，可是能力有限，心有余而力不足。

　　打电话给王波告诉他我已经到了图书馆大门口。没过一会，就看到王波匆匆地从图书馆里走出来。王波比我想象的要消瘦一些，稳重一些，不过精神很好，一看就是一个有内涵的人。我们握手寒暄，就像久别重逢的老朋友。

　　因为是用餐时间，王波直接带我向北京大学农园三楼餐厅走去。我们一边走，王波一边向我介绍北大的景点，我好奇地四处张望，北京大学的一切，对我来说都是新鲜的，很是羡慕王波能在这么著名而美丽的校园里工作和学习。因为是午饭时间，再加上是毕业时节，校园里人潮涌动，到处是拍毕业照的人，好不热闹。

　　我和王波在餐厅择席入座，王波不假思索地向服务员要了一壶菊花茶，这使我很开心——我是最爱喝菊花茶加白糖的，王波真是懂我的心思。北京大学的博士生都很忙，要么是去毕业旅游了，要么是去找工作了，原来王波想逮着一个算一个，可是最后，一个也没有逮着，只能由我们两个人单挑了（人少也好，至少说话方便一点）。

　　王波点了四个菜，冬菇肉片、蒸排骨、洋葱番茄肉，还有一个凉拌牛肉（不大记得了，大概是这些），而且还叫了啤酒。可惜我和他都是好酒但是酒量非常有限的人，否则就要不醉不归了。我们一边吃一边聊，直到餐厅只剩下我和他两个客人为止。

　　酒足饭饱之后，浑身充满了力气，准备跟王波好好参观一下北京大学图书馆。王波首先带我来到《大学图书馆学报》编辑部，我有幸见到了随和且客气的范凡老师。

学报编辑部很小，隔了里外两间。外间是范凡老师的办公室，相对较大，而且还有比较不错的沙发；里间就是王波的办公室，很小很凌乱，期刊堆满了一地（包括其他杂志社的赠刊）。王波一个人用两台电脑，两台显示器齐刷刷地并排在一起，在这小小的办公室里，很是抢眼。很难想象，一个中国著名的学术期刊的办公室会是这般的简陋。然而正是这间不起眼的小小办公室，撑起了中国大学和研究图书馆学术研究的一片天空。

王波带我走访了图书馆的各个部门。我怀着好奇而激动的心情，走马观花似的流连在中国最高学府的图书馆。见到王波的馆员都亲切地与他打招呼，看得出来大家都非常敬佩王波老师。能由王波老师亲自带领我参观图书馆，在我看来，或许在绝大多数图书馆学人眼里看来，是无上荣耀的。

在期刊室，我看到了大小语种的外文期刊，在北京大学博硕士论文库，我翻阅了北京大学信息管理系博士生的毕业论文。虽然数量不多，但着实让我惊喜了一番。

回到学报编辑部，我和王波及范凡老师先后合影，留下了难忘的记忆。王波肯定是一位专业级的摄影爱好者，从他把持相机的架势（把相机放在肚子的位置）就可以看得出来。王波先后让我站在北大图书馆馆徽和服务台前，利用长焦为我拍了几张相片，让我过了一把北京大学图书馆读者的瘾。随后，王波亲自送我到电梯口，与我挥手道别。

在北京大学图书馆的大门口，保洁的阿姨帮我用手机照了两张相片，她人很随和，脸上挂满笑容，照相技术也不赖。

这就是北京大学才子王波生活和工作的地方。

（2012 年 6 月 24 日）

雨　禅

　　林海青曾分别使用过雨禅和雨僧两个网名，是我崇敬的人物，是我从未谋面的朋友。

　　雨禅有幸超然于体制之外，正是他的这种特殊身份，使他能畅所欲言，无所顾忌，在众人面前，他显得如此另类，这也是他吸引我的一个主要方面。

　　掐指算算，我和雨禅认识也已经有几年的时间了。我们时而在即时通信工具上长聊，话语非常投机，常感意犹未尽，这也许就是我们常常所说的缘分吧。这些年来，除了自己的硕士导师和博士导师之外，雨禅和上海的 Keven，对我的帮助最大。无论是在我得意的时候，还是在我失意的时候，他们都始终坚决地站在我一边，鼓舞我，激励我，使我走出困惑和迷惘，不至于迷失前进的方向。

　　会见雨禅，是我一直以来的心愿。

　　2012 年 5 月的某一天，雨禅说要来见我，这让我惊喜不已。雨禅要参加由宁夏回族自治区主办的第二十二届中国图书贸易博览会，问我是否有空去银川出差一聚。我并不在采编部，没有出差的机会，很想请假去西北见见雨禅，顺便去探望《图书与情报》的王景发主编和魏志鹏。但雨禅后来说他有书商全陪，可能没有时间陪我，而且还要完成图书采购任务，所以主动提出改签飞机来广州看我，时间初定在 6 月 16

日上午。我扳着指头盼望着雨禅到来的日子，心里既紧张又兴奋。

到了 6 月 16 日上午，仍然不见雨禅跟我联系，我顿时感到不安。回想起前一天上午，我上班的时候把手机忘在家里，而且是处于关机充电的状态，若是因为我关机而使雨禅联系不上我，那我如何对得起人家？我没有雨禅的手机，想着他时常在"书社会"出没，或许某些人知道他的号码。我赶忙发短信问 Keven，Keven 说他也没有雨禅的手机，雨禅是来无影去无踪的神秘人物。我又转问王波，王波说他没有跟雨禅联系过，但是告诉我说，广州的钱国富有可能知道他的联系方式。

2011 年底我曾经跟钱国富见过，感觉他还是一个很友善的人。我发短信给钱国富，钱国富说雨禅很有可能已经走了。听到这样的话，我的心已经凉了半截，这不是他的性格。我请钱国富帮我核实这个事情，因为他在网上很活跃，人脉很广。果然没过多久，钱国富就从他在苏州的朋友那里打听到了雨禅的电话。

"请问是林海青老师吗？我是某某某……"照着这个号码，我迫不及待地拨过去。

"是的，你好！"电话那头传来了雨禅的声音。

"你现在在哪里？"我最想知道他是不是走了，不过想了想，若是他已离开中国了，我还能打通他的电话吗？所以他应该在国内。

"我现在在南京大学……"我终于得到了雨禅本人肯定的回复，他或许留念家乡和故土，想多待一会儿呢！

雨禅说下午去改签机票，之后会及时跟我联系。

到了下午，雨禅发来短信说，机票改签成功，CZ3700 航班，晚上 6 点 10 分起飞，8 点 25 分到。然后跟我聊两个小时，10 点多转乘回去的班机。

我搭了一个半小时的地铁，不到 7 点钟就来到了白云机场。令我感到惊讶和迷惑的是，在电子显示屏上，雨禅所坐的班机的状态一直是空的，而其他的飞机，要么是写着"正在途中"，要么是写着"已到达"，我猜想情况不妙，飞机可能延迟起飞了。

果然，飞机推迟了一个多小时起飞，人算不如天算。我静静地盯着航班电子显示牌，耐心地等待着雨禅的到来。

直到9点42分，才显示飞机已经到达。临近10点，在航班到达出口，因为之前在网上见过雨禅的情影，我一眼就认出了正在四处张望寻找广州阿华田的雨禅。

雨禅戴着一副近视眼镜，衣冠整齐，表情严肃，俨然一副哲学家的模样。

本来我在刚刚到机场的时候，四处逛逛，在机场旁边物色了一家档次不错的川菜馆，想在雨禅到来的时刻，好好地撮一顿。可是他要在10点多就开始办理登机手续，这个计划只好作罢。雨禅建议我们在机场候机大厅找个咖啡馆坐坐，这个建议听起来不错，可以节省我们宝贵的交流时间。

不费吹灰之力，我们就找到了一家很安静的咖啡馆。我们各要了一杯，一边品味，一边聊天。雨禅很健谈，他的口才跟他的文笔一样好，语言犀利，观点尖锐，我和他在一起，只有毕恭毕敬、洗耳恭听的份。

雨禅对我的论文写作提出了许多有益的意见和建议，使我受益匪浅，茅塞顿开。相聚的时光总是短暂。可惜登机的时间很快就到了，我只能目送雨禅通过安检，直到他完全消失在我的视线。

让我感到遗憾的是，在匆忙之中，我竟然忘了跟雨禅来一张合影，这是我上了地铁之后，才想起来的事。坐了一个小时的地铁才到车陂南，正想转四号线到大学城北，突然之间发现地铁四号线已经停止运行，原来时间已经将近12点了。我出站打一辆的士直奔老窝。

"遇见你真高兴！"在飞机起飞之前，雨禅发来了短信。

"我也是啊，相见恨晚啊，哈哈!"我毫不掩饰内心的真实感情。

事实上，自从几年前认识雨禅开始，我就已经把他当成了最好的朋友。雨禅说，7月或许他还会来开会，我希望能很快又有机会见到他。

（2012 年 6 月 23 日）

傅荣贤印象记

但凡图书馆学界的人，我想鲜有不知傅荣贤者。傅荣贤是一匹千里马，迟早会被伯乐相中，这是毫无悬念的。傅荣贤兄的学术成就是得到了学业的广泛认可的。书骨精王波在《书营十八年，混得比较禅》一文中赞扬傅荣贤"在各个核心期刊上几乎巡游一遍，上头版头条的论文不少"，并称 2009 年是"傅荣贤年"，对傅荣贤的钦佩溢于言表。2011年 1 月 5 日，蒋永福老师酒后吐真言，在《向傅荣贤同志学习》一文中，对傅荣贤在黑龙江大学甚至国内图书馆学界所取得的显著成绩大加赞赏，大有相见恨晚的感觉。

广州阿华田对傅荣贤也是仰慕已久，早就想结交这位中国图书馆学界最具实力和最有发展前途的新锐人物。去年下半年，经《国家图书馆学刊》前任执行副主编—蓑烟雨老师的积极牵线，我终于与傅荣贤相识，并开始了较为频繁的书信和电话往来；到了年底，荣贤兄在澳门开完一个会议之后，取道广州回东北，使我有幸目睹了荣贤兄的风采。

荣贤兄有一位得意的本科学生刘振华在华南师范大学读硕士研究生，师从知名的盛小平教授。早在读本科生期间，振华就在荣贤兄的高手指导下，在专业期刊上发表了数篇学术论文。在和荣贤兄联系上之后，荣贤兄马上把他的这位得意门生介绍给我认识，使我得以从他的这位得意门生中了解到了有关他的更多过人之处。那一天中午，我和振华

早早来到中山大学南校区，静静地等待着荣贤兄从澳门的到来。

在我见到荣贤兄之前，我只在网络上看过他的照片。我始终在想，一个在学术方面做得如此出色的人，一定也是一位很孤傲、狂妄、让人难以亲近的人。幸好还有他的学生陪我去，不至于让我感到孤单和尴尬，再加上他的学生始终在旁对他的老师大加赞赏，我想能和自己学生的关系如此融洽的老师，肯定是非常平易近人、随和大方的。

澳门离广州很近，没过多久，我们就在南校区外国语学院的大门口见到了传说中的傅荣贤。我所想到的形容他的话，蒋心独运（蒋永福）在博客中已经一一尽数——"儒雅秀面，神态谦和，仪表朴素，谈吐自如，英俊洒脱……"，所有的褒义词用在他身上都不为过。让我没有想到的是，虽然我们是第一次见面，可是我们讲话却非常地投机，我们热情地交谈，毫无拘束感，就像多年的老朋友一样。最让我感到惊讶的是荣贤兄说话的直率，想到什么就说什么，丝毫没有任何的顾忌，或许他已经把我当成好朋友了。

我们选了一家蛮有特色的顺德菜餐厅"凤厨"，具体点了什么菜，我也不太记得了，好像有一碟大家都非常喜爱的顺德菜松子鱼，是酸酸甜甜的那种，刚好符合来自苏浙一带爱吃甜食的荣贤兄。荣贤兄非常健谈，聊工作，聊学习，聊学术，聊图书馆学界的人和事，而且理论一套一套的，再加上他那洪亮的嗓音，让人感觉他说话颇有几份力量。荣贤兄的酒量了得，让人好生羡慕。觥筹交错之中，我享受着与朋友交谈的喜悦。

饭后我们往珠江边的方向散步，荣贤兄要在那边的一家酒店门口搭快巴前往机场。沿途的风景让我们欢喜不已，几度忍不住停下来留下那珍贵的合影。在大巴出发之前，我们依依和荣贤兄握手道别，这一去不知道何时才再有相见的机会了。

傅荣贤是中国图书馆学界一位黑马级的人物，在短短的时间内，他以自己的勤奋和执着，完成了从一名名不见经传的图书馆员到红遍大江南北的大学教授的华丽嬗变，成为受人尊重、让人景仰的人物。以他对图书馆学理论研究所做出的杰出贡献，终有一天会当仁不让地入选"中国图书馆名人堂"。

（2011 年 10 月 18 日）

"感动中国图书馆界年度人物"
——图谋

核心提示：2009 年，在中国图书馆界，有一个小人物做了一件大事情，以大公无私的精神，慷慨地为数百名普普通通的中国图书馆学人免费献出了他的处女作，让这些中国图书馆学人无不感激涕零。2009 年感动中国图书馆界年度人物，非他莫属！他究竟是谁？——"2009 年感动中国图书馆界年度人物"图谋隆重登场！

与 2008 年风风火火、嬉笑怒骂的情景比较起来，2009 年中国图书馆界真的冷清了许多，不过还是出现了一些吸引眼球的人和事——在如狼似虎的中国图书馆员上空如入无人之境翻云覆雨的上海 Keven、老槐还有一群他们的"粉丝"们；重出江湖让喜欢吃斋粉的粉丝们尖叫不已的广州斋主；喝得酩酊大醉、神志不清地张罗图林网志的技术酒徒……这一切，看似光鲜耀眼，闪亮夺目，但是却不能让中国图书馆学人感动，只是平添了许多茶余饭后的谈资而已。

然而，有一个很"雷人"的人物做出了一个更加"雷人"的举动，让许许多多平凡的中国图书馆学和情报学人无不为之动容，甚至感激涕零。他不是教授，只是中国一位普普通通的图书馆员；他不是专家，只是一位刚刚摸着门道的爱学习的青年人；他不是富翁，只是一位刚刚满足温饱并希冀步入小康生活的平民。他本可以拿着自己那不多的积蓄，每天上班的时候对着股票那波动的价格曲线做着自己的发财梦；或者背着领导打开 QQ 面板和一大堆无聊的人聊着那些无聊的事，过得一个最普通的馆员所过着的最平凡和最没有希望的生活。然而他并没有这样做，他以超乎人们的能力所能想象的范围，做出了令全中国所有的教授和专家们大跌眼镜、自惭形秽的善举——毫不吝啬地从私人腰包中掏出几万元把自己的硕士论文公开出版，心甘情愿地牺牲自己的休息时间花费数十个日日夜夜和数千元人民币为 400 本自己的著作邮寄给最需要它们或对它们最感兴趣的人们手上。因为这个不寻常的梦想，他死掉了数十万个脑细胞，为图书寻找最适合的读者；因为这个不寻常的梦想，他成了邮局的常客，写坏了数支签字笔，写得手臂发麻甚至抽筋，热情好客的邮递员笑眯眯地看着这位天天给他们送钱来的财神爷；因为这个不寻常的梦想，数百个与其曾经相识或素不相识的受到了其恩惠的中国图书馆员，不尽感激零涕。他就是为图书情报事业默默奉献，为图书馆学、情报学不懈追求与求索的中国优秀图书馆学新秀——图谋。

2009 感动中国组委会颁奖词：

他不是教授，可胜似教授；他不是专家，却胜过专家；他以大公无私之精神，倾囊为中国数百名图书馆员奉献出自己的著作；从他的身上，我们读出了中国图书馆学、情报学人卑微但不屈的性格，从他的身上，我们看到了中国图书馆学、情报学的未来和希望；他是一位顶天立地的男子汉，是中国图书馆学、情报学人不屈的脊梁。

（2009 年 11 月 25 日）

我们需要更多张沙丽式的人物

张沙丽，何许人也？你问我我也不清楚——我只知道她以前是兰州大学图书馆的，现在已经移民北美，好像是在北卡大学图书馆就职——不过这个名字，跟美国著名的图书馆学家谢拉的名字是紧紧联系在一起的。谢拉的名著《图书馆学引论》(*Introduction to Library Science*)就是由张沙丽翻译的（不过个人认为，谢拉的博士论文《公共图书馆基础——新英格兰公共图书馆运动的起源》要更有分量和更为有名）。

学术著作翻译并不是一件美差，可以说是吃力不讨好。绝大多数高校和科研单位都不把译著算作科研成果，这可能是翻译行为在国内图书馆学界受到如此冷落的最重要原因。另一个原因是，正如昨日中山大学的一位哲学博士所说的，许多人都怕翻译得不好，留下骂名——本来想留名千古的，然而结果却适得其反。

但是，一个学科若想发展和发达，翻译和借鉴国外先进的理论是必不可少的一环。综观中国学术界，几乎所有的学科都非常注重引进国外先进的理论和思想，翻译了大量的国外相关学术著述——经济学、哲学、法学等学科的著作，翻译数量极其丰富——为我们带来许多新的观念，给这些学科的发展带来了无穷的动力，加速了这些学科成为显学的进程。

反观中国图书馆学界，翻译和介绍国外图书馆学著作的数量非常少，一年多前我所列举的"十本你不能不看的外文图书馆学著作"居然无一本翻译成中文，令人遗憾和震惊。图书馆学界对翻译和介绍国外经典著作之忽视，是造成今日中国图书馆学学科地位低下的重要原因之一。

翻译是一种技术活，毫无疑问，张沙丽译文中也有不少的不妥之处。仅举几例：第 36 页，富兰克林创办的"费城图书馆公司"被称为"全北美会员图书馆之母"，而张沙丽把它翻译成了"全北美合作图书馆之母"，让人大跌眼镜；第 102 页，笛卡尔的"我思故我在"，被她翻译成了"我在思考，因此，我存在"（虽然意思没有错，但意味完全没有了）；第 72 页麦维尔·杜威的座右铭、美国图书馆协会的会训也翻译得不理想，应该是："以最少的代价，为最大多数读者，提供最好的读物"……诸如此类的瑕疵并不鲜见。虽然如此，但张沙丽的精神，甚为可嘉，是我们广大同人学习和效仿的好榜样。

Follaw 曾经因为调查研究的缘故，跟张沙丽联系过（好像我也跟她有过一次联系）。张沙丽是华美图书馆协会的会员，认识很多在美国图书馆界工作的华人。张沙丽移民美国之后，沉寂了许多，之后再也没有看到她其他的翻译著述问世，这不能不令人感到遗憾。如果张沙丽老师能翻译和介绍更多的美国图书馆学经典名著到中国，那将是中国图书馆学界的福音。

美国图书馆学界另一本比较有名的基础理论著作——皮尔斯·巴特勒的《图书馆学导论》(*An Introduction to Library Science*) 到目前为止，还没有人翻译。这本书共五章，图林五散人如果每个人翻译一章，刚好可以把它翻译完。不知道我们五个人什么时候可以静下心来好好翻译这本著作呢？

希望越来越多的图书馆学人从事国外图书馆学经典著作的翻译工作。中国图书馆学界亟须更多张沙丽式的人物！

（2012 年 4 月 5 日）

学者型馆长吴晞先生

在中国图书馆界，于事业和学术两方面都做得出色的人物屈指可数。国内图书馆界大多数馆长都是事业型的，而非学者型的，但吴晞先生则不然，他是少数图书馆事业和图书馆学研究的两栖明星之一，是名副其实的学者型馆长，值得所有图书馆界不搞学术的馆长们认真效仿与学习。

深圳公共图书馆馆长、图书馆研究院、《公共图书馆》杂志、《从藏书楼到图书馆》《西方图书馆史》，这些元素，构成了我对吴晞先生的最初印象。

昨天收到《图书馆论坛》第5期赠刊，里面有一篇文章让我眼前一亮，那就是吴晞先生的"学术自传体"文章（我个人是这么认为的）《错开一扇门》。这篇文章大概说了他的择业经历、从业经历与学术经历。图书馆界无非两种人，一种是被"骗"进去的（这类人占绝大多数，至少九成九以上），另一种是自愿进去的（这类人人数极少，其中的原因一言难以道尽），吴先生显然属于前者。被"骗"进图书馆学界的人又分两种：一种是从此一蹶不振、碌碌无为的人，另一种是发奋图强、最终光芒万丈的人，吴晞先生显然又属于后者。

吴晞先生翻译的《西方图书馆史》比较浅显，这当然不是他的错，要错也是哈里斯的错，他的原著写得太简单了；吴晞先生的另一本著作《从藏书楼到图书馆》我早就听说了，只是一直没有拜读，今年我会抽时间把它看完，我想它会是一本有趣的书。

我虽然没有见过吴晞先生，但是对他并不陌生。许多朋友都告诉我，吴晞先生是一位非常正直的人，获得了业界和学界的普遍尊敬与敬仰。吴晞先生的新浪博客上有一张他的塑像，极其威武，后来看了他在专业期刊上的真人照，果然是图书馆界的将相之才。两三年前，吴晞先生曾经以《公共图书馆》主编的名义，向我约稿，但我当时忙于学业，实在抽不出时间来，婉言谢绝了。

本来一直有采访吴晞先生的计划和愿望，并且欲使其纳入"图林五散人"的人物访谈系列里面，只是没想到顾晓光先生的速度那么快，走在了我们的前面，在《数字图书馆论坛》里面发表了对吴晞先生的长篇访谈录，让我们感到非常的可惜，或者，在适当的时候，我们再从其他的角度，对吴晞先生再作一场访谈吧。

希望很快能有机会见到传说中的图书馆两栖明星吴晞先生！

（2014 年 5 月 24 日）

武汉大学首届图书馆学硕士毕业生

或许许多学界和业界的同仁并不知晓，获得中国教育史上首批图书情报学硕士学位（1978 级）的学生有多少人。没错，6 个人，仅仅 6 个人而已。其中南京大学 2 位、武汉大学 4 位，而这 4 位正是同在彭斐章先生之门下，被称为"彭门四子"（又称"四条汉子"）的乔好勤、倪晓建、张厚生和惠世荣。

在这四人当中，我最熟悉的是乔好勤老师，因为他是我的硕士生导师，我是他的最后一届硕士生（2006 届，共两人），俗称关门弟子。事实上，乔老师在目录学、图书馆学和地方文献领域取得了丰硕的成果，出版了《中国目录学史》《对外图书贸易学概论》《岭南文献史》等优秀的著述，影响了一大批学人。我这个关门弟子跟导师相比起来，不知道要相差多少个数量级。2011 年 7 月 17 日，怀着无比崇敬的心情，图林五散人前往广东高校老师村拜访了乔好勤老师。在《图书馆论坛》主编张晓源和刘洪主任的厚爱和支持下，《七秩光阴伴书苑，一生事业付芸编——著名图书馆学家、目录学家乔好勤教授访谈录》不久即将与读者见面，以作为 2012 年 9 月 5 日乔好勤教授七十华诞的小小贺礼。

关于倪晓建老师，我对他的印象并不深。我只知道他比乔老师小 10 岁，老家山东聊城冠县，本科是在北京大学图书馆学系读的。他曾经担任北京师范大学的教授，还当过信息技术与管理系的主任，并且是北京大学

147

信息管理系和华南师范大学信息管理系的客座教授，后来成为首都图书馆的馆长，直到现在仍然担任着这个重要的职务。倪晓建教授出版过《书目工作概论》《信息加工方法研究》等著作。我对他的认识也仅此而已。

东南大学的张厚生教授，2008 年 8 月 8 日离开人世，那时正是奥运会开幕的日子，张厚生教授没能亲眼见证奥运会在祖国举行，那肯定会是一件非常遗憾的事情。据我的硕士师弟、武汉大学的博士生张新兴说，苏小波是张厚生的硕士关门弟子。在师弟的介绍之下，我和苏小波建立了联系，苏小波曾经让张新兴把一封信带到广州，叫我转交给乔老师，请乔老师撰写一篇叙述张厚生教授的回忆文章，但是不知道何种原因，这篇回忆录始终没有完成。或许是因为乔老师很忙，亦或许是其他方面的原因，我们不得而知。

最后一位是天津商学院的惠世荣。我对这位图书馆学前辈没有什么记忆，只是从乔老师的口头中和文章中得知，他有一个雅号叫"小惠"。据乔老师介绍，惠世荣老师很机敏，爱思考，笔头快，文章从来不打草稿，是他们硕士生当中发表文章最多的一个，而且还参加过武汉大学詹德优老师的《中文工具书使用法》一书的编写工作。他的离世不能不说是图书馆学界的损失。

武汉大学图书馆学系的首届 4 位硕士生虽然有两位已经离我们远去，但是他们为我国图书馆学、目录学事业所做的功勋是不可磨灭的。我们姑且不论他们硕士毕业之后的成就，单就他们在读研究生时所做出的成绩就足以令我们肃然起敬——乔好勤、倪晓建、张厚生和惠世荣在导师彭斐章和谢灼华的指导下，每天泡在图书馆里查找、精读和摘抄目录学资料，为我国图书馆学、目录学后生作嫁衣裳，编撰了流传广泛、影响深远的《目录学研究资料汇辑》，这就是后来修订出版的著名的《目录学资料汇辑》（共 4 分册）的前身。

（2011 年 9 月 26 日）

沉痛悼念刘迅先生

　　刘迅先生是我国 20 世纪 80 年代涌现出来的国内知名的图书馆学学者，是我敬佩的极少数当代图书馆学学者之一。刘迅先生最早引入的波普尔的"世界 3"理论作为图书馆学的理论基础，对改革开放之初沉闷的图书馆学研究无异于投入了一枚重型炸弹。他还在图书馆学基础理论研究尤其是图书馆学方法论研究方面颇有创获，为中国图书馆学基础理论研究进行了卓越的研究和探索。

　　初"识"刘迅先生是在几个月前的博士生入学考试复习之时，为了了解和掌握图书馆学基础理论研究之源流与发展，我翻阅了大量的国内图书馆学基础理论著作和论文，可是除了黄宗忠先生的著作外，其余著者的著作乏善可陈，读来味同嚼蜡。直到有一天，刘迅先生的作品跃入眼帘，让我眼前一亮、兴奋不已。刘迅先生的论文语言精练、观点鲜明、文风犀利，读后发人深省，让人痛快淋漓，直叫我恨不得马上见到他，向他讨教一番。可惜问了几位老先生竟无一人知其下落，或曰已出国，或曰已"跳槽"，答无定论，让我好生郁闷。

　　2008 年 5 月 21 日下午，无聊之中闯进了图情散记博客，惊闻刘迅先生已经在 2008 年 5 月 6 日离我们远去，不禁悲痛万分。经层层链接重重搜索，看到国内几位博客达人亦写了许多悼念的文字。从中得知，我敬仰已久的刘迅先生原来从东北师大图书馆学系离职后，来到了繁华的南国都市深圳，成为宝安区教育局局长。当然，更让我们敬佩的是他的图书馆学思想、图书馆学术成就。我想，如果刘迅先生不曾在图书馆学林摸爬滚打十余年并留下让人惊羡的深深的足迹，在他仙逝的今天，亦不会有那么多图书馆学人留下沉痛悼念的文字。

我们感到无比的悲痛，因为我们失去了一位曾经为中国图书馆学努力拼搏的图书馆学长；我们感到无比的欣慰，因为还有那么多的后生可以继续为中国图书馆学的明天而守望和共勉，这得益于如先生一样的图书馆学前辈孜孜不倦、上下求索的精神激励和鞭策。

（2008 年 5 月 22 日）

黄宗忠图书馆学基础理论点评

[**按**] 黄宗忠老师的是我最敬仰的图书馆学前辈，他的《图书馆学导论》是我最喜欢的国内图书馆学基础理论著作。黄宗忠老师的许多观点充满了马克思列宁主义思想的痕迹。学习和借鉴黄宗忠先生图书馆学思想的有益部分，对于促进今天中国图书馆学理论研究及图书馆事业的健康发展，无疑具有特别重要的意义。

在中国现代图书馆学基础理论研究领域，黄宗忠是当之无愧的最具有实力的学者。一个没有数十年图书馆学理论研究积淀的人是不敢亦不会着笔如此具有挑战性的研究主题的，当然还有他那本体系完整与极具理论深度的著作《图书馆学导论》。黄宗忠的《20 世纪 100 年图书馆学基础理论的研究进展及其评价》（上、下），充分体现了他的学术涵养与学术自信，以及长期以来对国内外基础理论所进行的缜密的思考。无论从文章的体系结构，还是从语言文字，抑或是从思想深度而言，这篇论文读后都让人荡气回肠，感慨良多。

学术界的好好先生很多，而黄宗忠不做好好先生，他的行文看似温和，没有锋芒毕露，但却是绵里藏针、立场坚定且毫不含糊的，持不同学术见解的人看了他的文章定然会不寒而栗。当时国内图书馆学界有些人唯西方马首是瞻，在研究图书馆学理论和图书馆史时，一味盲目地拍马与附和，好话说了一茬又一茬。而黄宗忠是批判主义的，而以他的性格亦不可能成为唯唯诺诺的人。对于美国图书馆界的风云人物麦维尔·杜威，黄宗忠的笔下毫不留情，直陈杜威的重技术轻理论的思想严重地阻碍和抑制了图书馆学理论的发展，特别是基础理论的发展，影响了图书馆学的社会地位和人才培养。

黄宗忠的观点充满马克思列宁主义的痕迹。黄宗忠述说，"列宁是 20 世纪图书馆学基础理论的奠基人"。这个观点是否准确，我们姑且不作结论，黄宗忠也没有给出可以支撑这个论点的来自西方学者的任何论据。对于一个社会主义者来说，是很容易接受他的这个见解的；而对于一个自由主义者来说，却未必会赞同。列宁曾说过，图书馆是一种社会政治文化教育机构，在他的眼里，图书馆带有浓厚的政治色彩，它只不过是一种阶级斗争的工具和武器；列宁又曾说，图书馆是党的机构，应该成为党进行宣传教育的阵地，受党的监督，并向党汇报工作——这样就使苏维埃社会主义共和国联盟对图书馆的审查制度合法化。西方公共图书馆是民主思想发展的必然产物，而社会主义社会的公共图书馆从一开始就是专制主义思想的产物，而这正是两者的本质区别。黄宗忠的这个论点显然是从社会主义者的角度出发的，深深打上了社会主义的烙印，并不一定会得到资本主义社会图书馆学者的认同。

在黄宗忠的身上，我们可以深刻地体会到作为中国图书馆学人的自尊与无奈。对于中国图书馆学研究的历史，黄宗忠是感到自尊与自豪的，他认为从研究成果与研究水平来看，20 世纪前 50 年，中国图书馆学基础理论的发展与世界的发展基本是同步的；而对于中国图书馆学在世界的地位和现状，黄宗忠又是感到无奈与悲凉的——杨昭悊是我国最早的图书馆学基础理论研究者之一，也是世界上较早的相关理论者，但是他的理论著作为什么没有得到国外的肯定？杜定友关于图书馆学基础理论的论述比阮冈纳赞、巴特勒的论述更加全面和深刻，而且稍早于他们，但是为什么没有被世界承认和传播？李景新关于图书馆研究对象、研究范围、体系结构的论述全面而系统，比之同一时期的雷丁根（Lei-dingen）（在黄宗忠的论文中为雷丁格尔，实为音译错误）、米尔考（Milkau）（在黄宗忠的论文中为"米考尔"，也是错误的音译）的研究有很大的发展，但是为什么还是被世界所遗忘？20 世纪后 50 年代，中国图书馆学基础理论研究最兴旺、成果最多、贡献最大，与国外同期的研究水平相比，中国走在了最前面，其次是苏联、美国、日本、英国等，但是为什么还是没有在世界范围内产生影响？对于这些问题，黄宗忠虽然没有给出答案，但是很显然，这一切都是语言的问题。黄忠宗认为图书馆学基础理论研究人员应该具有五个方面的素质，一是精通图书馆业务与图书馆学；二是具有较好的哲学基础知识；三是具有较广的文化科学知识特别是历史知识；四是具有信息科学知识；五是外语。黄宗忠虽然把外语放在了最后一位，但不可否认的是，在国外图书馆学基础理论强势的话语体系之下，要想推销中国的图书馆学理论，在荆棘密布的山坡上打出通往山巅的胜利之路，没有好的外语水平是万万不行的。中国图书馆学基础理论研究者普遍用外文出版著作（非学术论文）之日，便是中国图书馆学研究大步走向世界之时。

　　看了这篇文章，黄宗忠指出，"任何一门独立的学科，包括理论与技术方法两部分，如果只有技术方法，或技术方法很发达，而理论很薄弱，都不可能成为一门成熟的科学，也必然影响学科自身的发展。图书馆学历史发展已证明：图书馆学虽然已有 100 多年的历史，但由于过去只重技术，对图书馆学基础理论研究不重视，因而图书馆学发展很慢，时到今日，其体系结构仍不很理想，社会地位也比较低……发展图书馆事业固然要有技术方法，同时也要理论做指导，没有理论做指导的实践，是盲目的实践。"真是一语道破天机！技术只是图书馆事业的一种

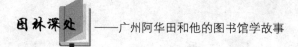

工具，它有如过眼烟云，在图书馆史的长河中转瞬即逝。图书馆事业要发展，始终需要图书馆学理论做指导。

（2009 年 12 月 6 日）

愿天堂里仍然有图书馆学

2012 年 3 月 22 日，一个难忘的日子。

这一天，我收到了《山东图书馆学刊》编辑部赠送的 2012 年第 1 期刊物。黄宗忠老师是 2011 年 10 月 29 日仙逝的，让我意想不到的是，这一期刊物里面居然有编辑部主任韩淑举老师对黄忠宗教授的访谈录，以及黄宗忠的三位硕士生写的回忆录（除此之外，还有吴稌年、味斋主人等人写的我感兴趣的文章，其中味斋主人的《家人眼中的图书馆学家——钱亚新先生》我早在两个月前就已经拜读过了）。今天利用工余时间，我断断续续地读完了这四篇文字，沉浸在对黄宗忠老师深深的缅怀之中，心情久久未能平静。

《高山仰止，景行行止——访武汉大学信息管理学院黄宗忠教授》一文，我想是《山东图书馆学刊》这些年来最有看头的访谈录，也是韩淑举老师做得最好的访谈录。从这篇访谈录中，我们得知黄宗忠老师年仅十二岁就成了孤儿，并因此辍学；在高中时就与其他同学创办刊物，而且颇有影响；1954 年差点成为广州人，可惜最终选择了武汉；高考第三志愿是图书馆学，是图书馆学前辈中少数几个不是被"骗"进图书馆学专业的人之一；曾经在图书馆一线干过，1970—1971 年工作于武汉大学图书馆流通组；曾访问美国图书馆界，在白宫受到了父亲是图书馆馆员的基辛格博士的接见；每天坚持阅读 3～4 小时步行 1 个多小时，许多文章的构思都是在散步时思考形成的……黄宗忠教导我们要"干一行，爱一行，爱到底"，从他的身上，我们真正体会到了什么才是崇高的图书馆职业精神。

韩淑举老师在本期封二人物简介中说："《图书馆学导论》是图书馆学领域公认的经典著作，被认为是迄今为止图书馆学理论专著中最全面、最系统、最独特的一部。"韩淑举老师对黄忠宗老师的评价客观而中肯，这与我早前对黄宗忠老师的评价几乎是一致的。早在 2009 年 12 月 6 日，我就在《黄宗忠图书馆学基础理论点评》中说："黄宗忠老师是我最敬仰的图书馆学前辈，他的《图书馆学导论》是我最喜欢的国内图书馆学基础理论著作。"此外，2011 年 10 月 30 日，也就是在黄宗忠老师离我们远去的第二天，我在《怀念黄宗忠教授》一文中评价道："实事求是地说，到目前为止，我还没有发现有任何一本图书馆学基础理论的著作比黄宗忠老师所著的《图书馆学导论》体系更完善、阐述更到位、内容更丰富。"我想国内图书馆学人对我的这个观点不会有什么异议，因为时间可以证明一切。

黄宗忠老师一生致力于图书馆学教育事业，可谓桃李满天下。我们仅在《山东图书馆学刊》的本期纪念专栏当中看到了他的三个弟子（周军、陈寿奇、刘可静）的纪念文章，我相信这只是其中的代表，日后会有越来越多的学人行动起来，用各种各样的方式，尤其是以文字的方式纪念这一位杰出的图书馆学家。周军不愧是黄宗忠老师的高徒，把作为大善者、大仁者、大勇者、大勤者、大智者的恩师黄忠宗老师刻画得栩栩如生，读来让人既惊羡不已（能成为黄宗忠老师的弟子，真是他们上辈子的福气）又悲痛不已（我为中国图书馆学界失去这样一位出色的学者而感到非常的难过）。我想和蔼可亲、平易近人、学而不厌、诲人不倦的黄宗忠老师，一定是每一个图书馆学子心目中最理想的导师。

怀念黄宗忠老师！愿天堂里仍然有图书馆学。

（2012 年 3 月 22 日）

怀念黄宗忠教授

刚从办公室看完季维龙所写的《胡适与图书馆》一文回来，发现"图书馆学情报学博士群"（QQ 群：127088812，仅对博士开放）群友、武汉大学图书馆学博士生戴艳清转发的彭老图的微博，惊悉黄宗忠老师于今晨仙逝，不敢相信自己的眼睛；马上搜索有关黄宗忠的最新消息，猛然发现竹帛斋主刚刚发布了《沉痛悼念黄宗忠教授》一文以及三位老师哀悼黄宗忠教授的"唁函"，不禁悲痛不已。中国图书馆学基础理论界失去了一位领军人物，如果不是这样，黄宗忠老师极有可能参加今年 12 月中旬在深圳召开的中国图书馆学会图书馆学基础理论研讨会，可惜黄宗忠老师再也不会出现在日后的任何会议上了。

我虽然没有在武汉大学念过书，也从来没有亲自聆听过黄宗忠老师的教诲，但黄宗忠老师对我的影响是不言而喻的。在考硕士的时候，学校所列的《图书馆学基础理论》的参考书之中，并没有黄宗忠的那一本，但是经过自己的对比和研究之后，我毅然采用了黄宗忠老师的著作。我觉得一个图书馆学学子要想入门，黄宗忠的《图书馆学导论》是最重要的一本书，没有任何的其他著作可以替代。直至在准备考博的过程当中，在准备《图书馆学基础理论》考试之前，我也是主要参阅黄宗忠老师的这本书。而且近两年在工作和学习之中，我总是把黄宗忠老师的著作推荐给许多的同事和师弟师妹阅读。

记得去年在《图书馆论坛》的最后一期中，我还看到过黄宗忠老师所写的《论图书馆创新》一文（不知道今年第六期有没有邀请黄宗忠老师撰稿），但是从今日开始，我们再也看不到黄宗忠老师新写的文字了。缺少了这位在图书馆学基础研究领域最具实力的学者，无疑是中国图书馆学界无法弥补的巨大损失。黄宗忠老师过完 80 岁生日仅仅 7 天而已，对图书馆学研究的执着与拼命，过早地耗尽了其一生——如果黄宗忠老师能活到 90 岁，甚至 100 岁，我想他还会对我国图书馆学理论研究继续做出更大的贡献。此时此刻，让我想起了英年早逝的姚名达、刘迅、黄纯元等先辈人物。斋主曰："做学问不是靠拼命，而是靠长命""别人走光，自己不走光，即为大师"。所言极是！

黄宗忠老师一路走好！愿天堂里仍然有图书馆学基础理论！

（2011 年 10 月 30 日）

张欣毅先生走好

在 2012 年 11 月 21 日中国图书馆展览会报到的那一天，从某位图书馆界人士口中得知我国知名的图书馆学者和图书馆学期刊工作者张欣毅先生 55 岁英年早逝的消息，一直不愿意相信这个事实。虽然我从未见过张欣毅先生，也没有和他有过直接或者间接的接触，但正如某位业界人士所说的，张欣毅先生的去世"是我国图书馆界的重大损失"。

得知张欣毅先生其人，是 2008 年 5 月 5 日刘迅先生逝世之后，自己着手撰写《试论刘迅先生的图书馆学思想》一文的时候。张欣毅先生发文上百篇，并且和刘迅联合撰写过大约五篇文章，而且都是在 20 世纪 80 年代初（他们都是当时中国图书馆学界观点活跃的新锐人物），其中包括《简介五位当代西方著名图书馆学、情报学家》《层次说——我们对图书馆学研究对象的认识》《理性的思考——图书馆学结构问题探索》及其两篇续篇。而我曾经引用过并且在学界影响最大的，当属"层次说"这篇文章。

据武汉大学毕业的、自称是刘迅师弟的某著名图书馆学者透露，刘迅先生当年痴迷于哲学论著特别是波普尔的学说，并且努力尝试用哲学解释图书馆学的原理和方法。张欣毅先生也不例外，以他为第一作者创作的"层次说"这篇文章，就是他们平日用哲学思维思考图书馆学的成果。文章的重要观点包括：客观实体对象层次是图书馆学研究的第一层次，抽象认识对象层次是图书馆学研究的第二层次，科学具体对象层次是图书馆学研究的第三层次；从第一层次到第三层次是图书馆学科学认识活动从客观具体上升到理性抽象再上升到理性具体的周期过程。"层次说"这一理论的提出，或许是张欣毅先生留给中国图书馆学人最重要的理论遗产。

图书馆学期刊编辑是一项辛苦的甚至是吃力不讨好的职业，没有任何补贴的加班加点是常有的事情，甚至是生病打点滴住院也要带病审稿——这是以健康甚至生命为代价的一种工作，并不是每一个人都喜欢甚至能一辈子坚守的事业。为了读者的利益，为了《图书馆理论与实践》的发展，为了中国的图书馆学研究和图书馆事业的明天，张欣毅先生做到了，然而换来的却是疾病缠身，最终献出了自己年轻的生命。这是一种怎样的敬业精神？这不正是我们所严重缺乏、日夜倡导和苦苦追寻的图书馆职业精神么?!

张欣毅先生一路走好！我们会永远铭记您为中国图书馆界所带来的荣耀与记忆！

（2012 年 11 月 25 日）

纪念来新夏先生

还是在昨晚查阅杨子竞相关文字的时候，从南开"柯大师"的博客中惊悉我崇敬的图书馆史学家来新夏先生已经于 2014 年 3 月 31 日离我们远去。我真的不敢相信自己的眼睛，如果那个时候有人第一时间告诉我，我可能也不会相信，因为那是在愚人节的前一天呀，说不定人家是在跟我开玩笑呢。

南开大学商学院信息资源管理系真的是多灾多难，五年前杨子竞老师走了，现在来新夏先生也跟着走了。也许有人会说，生老病死是人类的自然规律，这没错，不过对于一个学校一个学科的发展来说，来新夏先生的离去，无疑是南开大学无法弥补的历史损失。

对于图书馆学界的人士来说，来新夏先生的图书馆史学术成就是第一位的，这也是他获得美国华人图书馆协会"杰出贡献奖"的最重要原因。

历史学出生的来新夏先生跟杨子竞先生有着相似的经历，也曾经在天津的一所中学担任历史科教员。来新夏先生兴趣广泛，著述丰富，而在图书馆学领域，个人认为最有名的两本著作是《中国古代图书事业史》和《中国近代图书事业史》。后一本书与谢灼华《中国图书和图书馆史》及严文郁的《中国图书馆发展史：自清末至抗战胜利》齐名，成为研究中国近代图书馆发展史（此书为事业史，而非学术思想史）

必不可少的参考书目。

对来新夏先生其人及其学术思想的研究向来不乏成果，呈现出了热闹非凡的景象，而且早在 12 年前，天津就举办了"来新夏学术研讨会"，这一事实说明，来新夏先生在图书馆学界内外取得了令人瞩目的成就。《山东图书馆学刊》韩淑举老师的访谈录《人生也就如此——访南开大学教授来新夏先生》无疑是详细了解来新夏先生其人其事不可多得的材料。

来新夏先生走了，幸好南开大学还有柯平、于良芝、王知津、徐建华等一批颇有建树的学者继承老一辈图书馆学人的优良传统和学术基因，沿着前辈所开创的星光大道前赴后继，使南开信息资源管理系不至于出现令人尴尬的学术断层，继续在中国图书馆学界发出耀眼的光芒。

谨以此文纪念在中国图书馆史研究领域做出卓越贡献的来新夏先生！

（2014 年 5 月 5 日）

杨子竞先生

今天查阅了《图书馆》2007年第6期的一篇文章，杨子竞先生写的《图书馆学家严文郁及其著作》，文后的作者简介中说杨老师诞生于1930年——现在已经是2014年了，不知道他老人家还在不在世。于是赶紧百度一下"杨子竞"，没想到他已经于2009年1月20日离开了人世，心中不禁涌上了一股股失落和难过之情。

十年前，当我还是一名硕士研究生的时候，就对国外图书馆史产生了不小的兴趣。那时候有关国外图书馆史研究的资料比较匮乏，获取的途径也不多，特别是中文方面的资料真是少之又少，杨子竞先生1990年出版的《外国图书馆史简编》为我们了解国外图书馆的历史提供了一个窗口，虽然它的内容看起来很浅显，但是它却与1988年出版的杨威理《西方图书馆史》等少数国外图书馆史著作一起为国内图书馆学子提供了有益的参考。

致力于国外图书馆史研究，这是杨子竞先生留给我的第一印象。果不其然，从中国期刊网的检索结果得知，杨子竞先生以第一作者身份发表的47篇学术论文当中，绝大多数涉及英美等西方图书馆事业及其历史人物，按南开大学相关人物的说法，杨子竞先生潜心研究外国图书馆史，"对于图书馆史的研究做出了巨大贡献"。

杨子竞先生在家排行第九（见其弟杨子庆《我们杨家》一文），早年曾在天津耀华中学从事历史科目的教学，后调入南开大学信息资源管理系并担任图书馆学研究生导师工作，先后培养了大批的本科生和10位硕士研究生（参见《沉痛悼念南开大学信息资源管理系杨子竞教授》一文），为南开大学和国内图书馆学教育的发展做出了不可磨灭的历史贡献。

杨子竞先生为图书馆学革命了一辈子，却没有人总结他的图书馆学成就，这是非常令人惋惜的。在搜索引擎百度当中，只能搜索到杨子竞先生的一张集体照，这或许是杨子竞先生留给我们唯一的影像资料了。

图书馆史学者杨子竞先生（前排左一，时任天津耀华中学历史教员）

（图片来源：http://blog.sina.com.cn/s/blog_ 48cc68b501008cxq.html）

（2014 年 5 月 4 日）

裘开明印象

但凡关注图书馆史的人，皆不能对裘开明（1898—1977）这个名字熟视无睹。作为文华图专的第一届毕业生，他在海外取得的图书馆事业成就是无人能匹敌的。《中华读书报》2月19日发表了彭靖的《裘开明：美国第一位华裔图书馆馆长》一文，网络杂志《知先信息》把这篇文章推送到了我的邮箱，使我第一时间有幸阅读了此文，从此又平添了许多对这位著名前辈的敬仰之情。

Alfred Kaiming Chiu（1898—1977）
（图片来源于上述的彭靖一文）

彭靖的文章虽然内容很全面，但是也存在一些不足的地方。例如关于"汉和图书分类法"（A Classification Scheme for Chinese and Japanese Books）的类目就归纳和翻译得不完整：第一大类"经学"应为"中国经学"；第二大类"哲学宗教"应为"哲学与宗教"；第三大类应为"史学"；第四大类应为"中国地理和历史总论"；第五大类应为"社会科学"；第六大类应为"语言与文学"；第七大类应为"美术与游艺"；第八大类应为"自然科学"；第九大类应为"农学与技术"；第十大类应为"综合类与目录类"。彭文还掩盖了两个事实：一是"汉和图书分类法"不是裘单独完成的，是在 Y. H. Feng 和 Zunvair Yue 的帮助下完成的（参阅 http：//www. jstor. org/stable/2049463）；二是"汉和图书分类法"的走向没落，至少在美国本土它逐渐被改良之后的"国会图书馆分类法"所取代。（参见本人的博文"哈佛燕京分类法"）

英文维基百科没有专门的"Alfred Kaiming Chiu"词条，但是有"Harvard – Yenching Classification"和"Harvard – Yenching Library"两个词条。前一个词条有错误——不知道是不是美籍华人写的——也就是"汉和图书分类法"并非 only for Chinese language materials，不然它就不叫"汉和图书分类法"了（"和"即日本"大和"民族的意思）。

在我的想象当中，裘开明是一个比较胖、戴着眼镜的这样一个学者，可是当看到真正的裘开明的留影时，着实令我大吃一惊：裘开明消瘦、精干、帅气，而且未戴眼镜，俨然民国时期邻家大男孩的形象。裘开明的性格一定很好，很友善，很好客，并擅于交际，而且家境不错，因为他喜欢请客也喜欢被请客，无论在家还是去饭店。汉学家邓嗣禹说裘开明衣着简朴，我看不像，相片中的裘开明，西装革履的，哪里像不注重个人形象的人呢！

从彭靖一文中得知，裘开明的性格很直，敢于直面批评他的属下（馆员），甚至亲朋好友也不给面子。现在的社会正需要这样的人！

（2014 年 3 月 19 日）

民国图书馆学家谭卓垣先生

初次认识谭卓垣（Cheuk – woon Taam），缘于泉州师范学院图书馆的郑锦怀所写的《谭卓垣生平与图书馆学成就考察》（《中国图书馆学报》2011 年 06 期）一文。后来又从周旖的文章《谭卓垣研究史料考证——读〈谭卓垣生平与图书馆学成就考察〉与郑锦怀商榷》（《中国图书馆学报》2012 年 03 期）中加深了对谭卓垣的了解。至此，谭卓垣生平及其图书馆学成就已经跃然于我的脑海之中。

谭卓垣 1900 年出生于广东新会。新会山清水秀，风水特好，是名人辈出的地方——近代史上著名的学者、政治活动家和思想家梁启超就是新会人。我一直有一个梦想，有朝一日去拜访梁启超的故居，去看看大师级人物曾经生活的地方。虽然新会离广州并不远，只有一两个小时左右的车程，可是因为各种各样的原因，自己始终没有成行，这不能不令自己感到遗憾。

作为我国近代著名的图书馆学家和图书馆事业家，谭卓垣最有名的著作当属其 1933 年在芝加哥撰写的博士论文 *The development of Chinese libraries under the Ch'ing Dynasty*（一般翻译成《清代图书馆发展史》，也有人译成《清代藏书楼发展史》）。这本书由中华书局于民国二十四年五月再版（英文版）。它"将清代 260 余年间的公私藏书之概况及其与清代学术之消息，方之多中肯綮。可使个人明了我国近 300 年来此方面之发展。"（1935 年《大公报》评语）。

《清代图书馆发展史》书名页

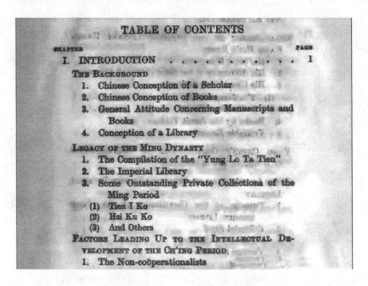

《清代图书馆发展史》目录页（部分）

托郑锦怀的福，我从他那里得到了谭卓垣的一张照片，一副帅气十足的样子，让我们见识了民国时期图书馆学人的精干形象。谭卓垣是广东人，个子比较小，皮肤比较黑，加上是黑白照片的缘故，所以更显得有点像东南亚人的感觉了。

1922 年岭南大学毕业生合影（右二应该就是他了）

日后我如果有时间，想写一篇文章，以纪念民国时期这位著名的图书馆学家，题名就暂定《民国图书馆学家谭卓垣学术思想评释》。

谨以此博文纪念谭卓垣先生诞辰 112 周年。

（2012 年 12 月 19 日）

美国图书馆史上的 13 位巾帼先驱

  1876 年 10 月在费城召开的那一场大会，是美国图书馆史上也是世界图书馆史上最重要的一次会议。在所有出席会议的 103 人当中，出现了 13 位女性的身影，女性开始登上了美国图书馆史的舞台。昨天晚上经过请教来自美国德克萨斯州的博士后 David R. Price 的辨认，再加上本人的专业敏感和多方考证，终于得出了 13 位出席会议的女性人员名单，她们是：

  Miss F. M. Cushing——在参加会议时是 Vassar College 的前任馆长

  Annie R. Godfrey——这就是著名的安妮，她后来成为杜威的妻子。正是在这一场会议上，安妮对杜威产生了爱慕之情，可是他们的爱情还没有开始。他们的爱情开始于 1877 年的伦敦国际馆员大会的路上。他们的爱情结晶，就是被称为 ALA Baby 的 Godfrey Dewey。

  H. Louise Matthews——来自马萨诸塞州

  Fanny G. McCulloch——Birchard Library 的馆员

  Maggie G. McCulloch——Birchard Library 的馆长

  Mary B. Merriam——马萨诸塞州坎顿的编目员

  Mrs Cornelia B. Olmsted——纽约 Wadsworth Library 的馆长

  S. Louise Rich——明州图书馆协会图书馆的馆长

  Mrs F. W. Robinson——辛辛那提诺维茨 Otis Library 的馆长

Elizabeth E. Rule——来自马萨诸塞州

Helen Stevens——马萨诸塞州 Sawyer Free Library 的馆长

Miss Lucy Stevens——马萨诸塞州 Sawyer Free Library 的监管

E. Fannie Whitney——波士顿公共图书馆的监管

（2010 年 10 月 21 日）

麦维尔·杜威语录

Melvil Dewey（1851—1931）

[**按**] 麦维尔·杜威（Melvil Dewey）是美国图书馆史上最有影响、同时又是最有争议的人物。研究美国图书馆史不能绕过杜威，就像研究美国历史不能绕过华盛顿，研究美洲地理不能绕过哥伦布一样。要把杜威进行一番考究是很艰难的事，因为杜威多面的性格，也因为杜威丰硕的成就。《麦维尔.杜威与美国公共图书馆运动》正在酝酿之中。

1. The best reading for the largest number at the least cost

以最小的花费为最大多数人提供最好的读物。

——这句话后来成为 ALA 的 Motto。

2. The idea in my mind is that by and by the library is to take almost entirely the place of the book – store.

我想，图书馆将逐渐完全取代书店的地位。

——1897 年，杜威在 ALA 第 21 周年纪念大会上讲了上述的话。事实上，100 多年后的今天，书店仍然没有被图书馆取代的迹象

3. Most of the leaders hav［e］gone into the silence. We who ar［e］left to owe it to them.

逝者安息，生者当勉。

——杜威在 ALA 成立 50 周年大会上的讲话

4. Body is machine through which work must be done.

身体是完成工作的机器。

——1902 年，杜威发表著名的"馆员的素质"一文，阐述他的另类高见

5. Librarians like guidepost is always pointing the way for others.

馆员就像路标一样，总是为别人指明方向。

——1902 年，杜威发表著名的"馆员的素质"一文，阐述他的另类高见

6. Library is the real university of the future.

图书馆是未来的真正的大学。

——1886 年，杜威发表了上述的著名言论

7. In the higher education the real university is a great library，thoroughly organized and liberally administered.

在高等教育领域，真正的大学是一所组织完备却管理自由的大型图书馆。

8. Librarians' normal school must be attached to some considerable library.

馆员的正规学校必须附属于一些规模相当大的图书馆里。

——杜威 1879 年讲的这句"神话"，被威廉森在 1920 年破灭了

9. The aim of the school is wholly practical.

（哥伦比亚图书馆学经营）学院的目的完全是实践性的。

——这是杜威实用主义图书馆学的突出表现

10. A school should be where it has ready access to many large and small libraries within a short distance.

学校应该建在易于利用众多大小不一的图书馆的周围。

——1905 年，杜威在"图书馆学校的未来"中写了上述的话

（2010 年 9 月 7 日）

谁来写鲍士伟的传记？

　　国外图书馆学家和图书馆事业越来越受到国内学者的关注。据悉已有人欲专门研究"ALA 先生"米兰，我想用不了多远，美国图书馆界人物的单个传记就会出现在国人面前。

　　托在伊大访学的上海大学刘宇的福，上个星期获得了鲍士伟的自传《人书相伴》（*A Life with Men and Books*）。这本自传的内容并没有我想象的那么丰富多彩，从倒数第二章"Mission to China"就可见一斑。鲍士伟是中美图书馆友谊的伟大使者，架起了中美图书馆界交流的桥梁，我的相关文章已有论述，在此不再赘述。

　　鲍士伟去过很多国家，包括意大利、韩国、日本等。然而，哪个国家给他留下了最深刻的印象呢？我们不用猜测，请看鲍氏自己的解释："My most memorable library trip outside the United States was to China in 1925."（我最难忘的国外图书馆旅程是 1925 年的中国之行。）

　　没错！正是中国给鲍士伟留下了最难忘的记忆。他在中国遍访 10 多个城市，做了约 50 场报告，拜见了众多的中国各界名流，参观了重要的名胜古迹。所到之处，受到了中国民众的热烈欢迎，并且被各地的风土民情所感染。这样令他愉快的图书馆旅程，不给他留下终生难忘的印象都很难。

　　鲍士伟到过中国的 10 多个城市，但在这些城市中并没有广州的身影——更确切地说，他与广州失之交臂。鲍士伟本人是很想来广州看一看的，然而由于时局的原因，鲍士伟错过了这个机会，也让今日广州图书馆学界的人感到惋惜。鲍士伟如是说："I had intended to go south go Canton，but gave up the plan by advice of my Chinese hosts，owing to disturbances in that region，and accepted instead an invitation from the University of Mukden to visit and speak in that city."

Canton 就是广州的旧称。鲍士伟没有来广州，是听了中国主人的建议（到底是哪个家伙说的，我们并不知道，因为没有确切的资料可考），说广州那边很乱——这也是历史的事实，话说鲍士伟来华的时候，广东正处于第一次国内革命战争（大革命）时期，政局比较混乱。不过同一时期的上海的时局也同样混乱，鲍士伟去了上海而没有来广州，实在是南方图书馆学人的遗憾。

虽然本章的主题是"中国使命"，但是里面的内容，涉及图书馆行业的内容极其少数，鲍氏对登泰山、访孔庙和会喇嘛等更感兴趣，并用了大量的篇幅描述泰山黄包车、接见孔府传人和会见班禅喇嘛的情形，而对于中国图书馆界的状况描绘甚少，与其考察中国图书馆的使命相去甚远，颇有下笔千言、离题万里的感觉。

鲍士伟无疑是民国时期与中国图书馆界联系最紧密的美国图书馆学人。撰写有关他的传记是当代图书馆学人的使命和责任，无论是在美国还是中国。我希望有图书馆学界的年轻人努力而热心地从事这个研究活动，完成历史赋予我们的光荣任务。

（2013 年 4 月 7 日）

谢拉著作中的中国元素

第一个问题是：谁是美国图书馆学史上最有名的理论家？

或许有人会说是巴特勒。没错，巴特勒确实很有名，他写了许多著作，包括：

1. *Checklist of Incunabula in the Newberry Library*，*Compiled for the Use of the Library Staff.* Chicago：Newberry Library，1919

2. *CheckList of Books Printed During the Fifteenth Century.* Chicago：Newberry Library，1924

3. *The First Fifty Years of the Printed Book*，1450—1500：*Notes Descriptive of an Exhibition.* Chicago：Newberry Library，1925

4. *An Introduction to Library Science.* Chicago：University of Chicago Press，1933；Cambridge：Cambridge University Press

5. *The Literary History of Scholarship.* Chicago：Chicago Classical Club，1937

6. *Scholarship and Civilization.* Chicago：University of Chicago Press，1944

7. *Culture and Communication.* (*with Redmond A. Burke*) Chicago：De-Paul University Library，1953

其中最有名的图书馆学著作当数 *An Introduction To Library Science*，

翻译成中文就是《图书馆学导论》。不过这本书到目前为止，国内还没有人翻译。虽然说它的题名是《图书馆学导论》，但是它的主要内容，却是涉及图书馆学发展的其他支撑学科，包括心理学、历史学等。我想，这也可能是国内图书馆学人不想把它翻译成中文的最大的原因之一，有点文不对题的感觉。

如果说巴特勒不是美国图书馆学史上最有名的人物，那么他的学生谢拉，无疑就是不二的人选。比起巴特勒来说，谢拉在学术研究领域更加多产，英文维基百科列举了他的著作：

1. *Introduction to library science*：*basic units of library service*. Littleton，Colo.：Libraries Unlimited，1976

2. *Knowing books and men*；*knowing computers too*. Littleton，Colo.，Libraries Unlimited，1973

3. *The foundations of education for librarianship*. New York：Becker and Hayes，1972

4. *"The complete librarian" and other essays*. Cleveland：Press of Western Reserve University，1971，1979

5. *Sociological foundations of librarianship*. New York：Asia Pub. House，1970

6. *Documentation and the organization of knowledge*. Hamden：Conn.，Archon Books，1966

7. *Libraries and the organization of knowledge*. London：C. Lockwood，1965

8. *An epistemological foundation for library science*. Cleveland：Press of Western Reserve University，1965

9. *Information resources*：*a challenge to American science and industry*. Cleveland：Press of Western Reserve universing，1958

10. *The classified catalog*：*basic principles and practices*. Chicago：Amer-

ican Library Association，1956

11. *Documentation in action.* New York：Reinhold Publishing Corp.，1956.

12. *Historians，books and libraries：a survey of historical scholarship in relation to library resources，organization and services.* Cleveland：Press of Western Reserve University，1953

13. *Bibliographic organization. Chicago：*University of Chicago Press，1951

14. *Foundations of the public library：the origins of the public library movement in New England，1629—1855.* Chicago：University of Chicago Press，1949，1952

15. *An eddy in the western flow of America culture.* Ohio state archaeological and historical quarterly. Columbus，O.，1935.

16. *The age factor in employment，a classified bibliography.* Boston：Boston Book Co.，1931—1932.

如此众多的书，让人眼花缭乱。在上面的著作当中，著名的有《图书馆学引论》《图书馆教育基础》《图书馆的社会学基础》《图书馆学的认识论基础》《图书馆和知识的组织》《公共图书馆基础——新英格兰公共图书馆运动的起源》这 6 本书，而其中的《图书馆学引论》（*Introduction to library science*）已经由原兰州大学图书馆馆员、现美国北卡大学图书馆的张沙丽翻译，1986 年兰州大学出版社出版（有关张沙丽这本翻译的评价，我已经在相关博文中述及）。

《公共图书馆基础——新英格兰公共图书馆运动的起源》是谢拉的博士论文，1949 年由芝加哥大学出版社首次出版，1952 年再版。如果要评选美国图书馆学史上最有名的图书馆学理论著作，我认为，谢拉的这本博士论文，当之无愧。

第二个问题是：谢拉的著作中有多少中国的元素（或成分、符号)？

谢拉是美国图书馆史上杰出的图书馆学理论家，如果在他的著作中能提到中国，那是中国的骄傲和荣幸。那么，在谢拉的著作中，到底有多少中国的元素，有多少处涉及了中国的内容呢？让人遗憾的是，谢拉著作中的中国元素非常的少，以《公共图书馆基础——新英格兰公共图书馆运动的起源》为例，全书中只有一处提及中国——也就是在第三章" *The Social Library：Origins，Form and Economic Background* "。文中说：

The adoption of the Constitution and the formation of the Union marked the beginning of a new commercial era of all New England. Compelled by adverse circumstance, the Yankee merchants had, in the Far East, tapped a new source of wealth. From this thriving trade with China developed fortunes that brought renewed prosperity to New England ports.

上文的意思是：（1787 年美国）宪法的采纳和联邦的形成，标志着所有新英格兰地区新商业时代的开始。在不利环境的迫使之下，美国商人在远东地区开辟了一条新的财源，从与中国的繁荣贸易中增加了财富，使新英格兰的港口重现出欣欣向荣的局面。

看谢拉的书，确实可以增长很多的知识。希望国内图书馆学界能有人学习和效仿张沙丽，把谢拉更多优秀的图书馆学著作，翻译和介绍进来，促进中国图书馆学的发展和繁荣。

（2012 年 8 月 10 日）

爱德华·爱德华兹的最后时光

爱德华兹（Edward Edwards）这个人物，我想喜欢图书馆史的人都知道他是谁。1902 年，由托马斯．格林伍德撰写的《爱德华·爱德华兹：城市公共图书馆最重要的先驱》（*Edward Edwards：The Chief Pioneer of Municipal Public Libraries*），对爱德华兹的一生作了详细的记录。其中第 11 章"最后岁月和与世长辞"对爱德华兹的最后时光作了详细的描述，现选译如下：

（1886 年）2 月 6 日星期六晚上，爱德华兹简单吃了一顿晚餐并在用餐的过程中和他的私人医生霍尔曼博士通了电话。爱德华兹抱怨他的脚痛。在大约晚上九点钟的时候，他的女侍者端来脸盆和毛巾，为他洗脚。当她离开房间的时候，爱德华兹从扶手椅上站起来，眼里充满感激地对她说："我非常感激你，非常！"（I am much obliged to you——very）这就是他（生前）对任何人所说过的最后的话。随即他就上床睡觉了。

星期天早上，大约七点半的时候，（有人敲门把）开水送到了他的房门。爱德华兹没有应声，但是（这个人）明显听到了他的咳嗽。九点钟的时候，他并没有下楼来，这引起了与他（同住在一起的）两位女人（惠勒夫人和德雷森小姐）的注意。惠勒夫人走进房间，发现爱德华·爱德华兹平躺在床上，双手交叉在胸口前，安详地死去。

爱德华兹穷困潦倒，几个好心的邻居为他举办了体面的葬礼。谣言在村子里传开说，爱德华兹服了毒药，但对于这一点没有一丁点的证据。这么久以来，没有任何证据显示爱德华兹有自杀的倾向。毫无疑问，严寒的天气已经影响了爱德华兹的心脏，医院的病历也显示，爱德华兹死于心力衰竭。

1886年2月10日，爱德华兹被葬于尼顿公墓。那时的一些文学杂志和其他杂志刊登了他去世的讣告，此外再也没有什么更多有关他去世的报道，而且直到1902年，爱德华兹的坟墓才刻了墓铭志——1902年2月7日，在爱德华兹逝世16周年时，许多馆员和村民举行了仪式，为爱德华兹的坟墓镌刻了如下的墓志铭：

"Cinis non finis" (on the Urn). In Memory of Edward Edwards. Born in London Dec. 14, 1812. Died at Niton Feb. 7, 1886. Man of Letters and Founder (with William Ewart and Joseph Brotherton) of Municipal Libraries. This Monument has been placed over his grave in recognition of his work on behalf of Public Libraries by Thomas Greenwood. Inaugurated on Feb. 7, 1902, by Richard Garnett, Charles W. Button, William E. A. Axon, John J. Ogle.

（2012年2月29日）

下一站天王——斯波福德

Ainsworth Rand Spofford（1825—1908）

斯波福德何许人也？我想图书馆学专业的人对他一点都不会陌生，他就是美国国会图书馆第 6 任馆长，在国会图书馆史上仅次于普特南的重要人物。虽然在我写的帖子"影响美国图书馆历史的十大人物"之中并没有出现他的名字，但是他绝对是美国图书馆史上的殿堂级人物，并在 1951 光荣入选美国"图书馆名人堂"（A Library Hall of Fame）。组委会给他的颁奖词是：

（斯波福德）是一位勤奋的、具有非凡记忆力的人。他在图书购买方面取得了巨大的成功，用每年不到 1 万美元的有限经费增加馆藏，使国会图书馆的藏书从 1861 年的 6 万册提高到 1897 年的约 100 万册，为他所坚持的国家图书馆打下了基础。

可是若仅见到他在国会图书馆馆藏建设方面的贡献，那肯定是太片面了。事实上，斯波福德既是一位图书馆实践家，又是一位图书馆学理论家，除了在国会图书馆馆藏建设方面成就卓著之外，他还在国家图书馆的功能、图书的选购、版权与图书馆、馆员的素质等领域做出了不可估量的理论贡献，尤其是他的那本极具理论价值与实践指导意义的著作《一本献给所有读者的书》，更是值得我们倍加的关注。

2011年9月，《中国图书馆学报》第5期，《美国图会图书馆馆长斯波福德思想初探》一文，即将为你精彩呈现一位才华横溢的斯波福德。

话说这篇文章，还具有那么一点点传奇的色彩。它本来是要出现在本人于《图书馆建设》主持的"美国公共图书馆思想研究"专栏2011年第1期的，可是最后却令人兴奋地被中图学报录用了。"广州阿华田2010年学术研究盘点"一文真实地记录了当时的情况：

自从今年第1期在《中国图书馆学报》发表了一篇文章之后，有大半年的时间，我没有再向《中国图书馆学报》投稿。据说根据不成文的惯例，对于一位名不见经传的人来说，要想一年之内在它上面连发两篇文章，这是可能性非常小的事情。所以直到下半年，到了秋季，在知道即将和《图书馆建设》解约之后，我才把《美国国会图书馆馆长斯波福德思想初探》这一篇文章大胆投给了《中国图书馆学报》。我是9月6日投的稿，让我感到万分惊喜的是，9月10日教师节那天，我就收到了录用通知的邮件，前后仅仅用了5天！我刚开始不敢相信自己的眼睛，以为自己的近视又加重了，擦了擦双眼，没错，真太让人高兴了！这是《中国图书馆学报》送给我的最好的教师节礼物！我不清楚编辑部对这篇文章厚爱的具体原因是什么，但是我想，前一篇文章被人大复印报刊资料转载以及中图学报历来重视对国外图书馆学理论和实践的报道，或许是其中的重要原因。

5 天时间，这又是一个惊人的数字，或许已经创造了《中国图书馆学报》审稿速度的历史纪录。希望自己一直都能这么幸运，当然也希望好运能永远伴随着图书馆学界的每一个人。

（2011 年 8 月 5 日）

麦维尔·杜威即将闪亮登场

2011 年第 4 期，《图书馆》，麦维尔·杜威即将闪亮登场！

著名出版人理查德·鲍克和麦维尔·杜威夫妇——摄于纽约州萨拉托加温泉

  辛苦酝酿、呕心沥血大半年写就的《麦维尔·杜威与美国公共图书馆运动》，可以说是我踏入图书馆学学术圈子以来写得最好的一篇综述性文章（以 100 分为满分计算，自评 85 分），虽然里面也夹杂了一些个人观点和感情色彩——如果要说出这些感情色彩是什么，那就是对美国图书馆史上最杰出的人物的无尽欣赏与崇拜。历史研究是要尊重事实的，实事求是是它的首要遵循的原则，后来者不能过多地加以评论，而应该尽可能地保持历史的真实和原貌。

文章的一大看点是内容齐全，基本上概括了杜威一生的最主要成就，包括他在图书馆专业化、图书馆学教育、图书分类法、图书馆事业中的主要贡献。文章的第二个闪亮之处是外文参考资料多而丰富，可以说花费了笔者大量的时间和心血去进行整理和研究。除了国外特别是美国本土对杜威的诸多赞誉之外，笔者评价杜威是"美国乃至世界图书馆史上的旷世奇才，是美国公共图书馆运动史诗般的英雄人物，为美国图书馆事业的发展做出了无与伦比的历史贡献"——行文之中对杜威历史贡献的客观、中肯而到位的评价，也是本文的创新之处。

《图书馆》编辑部的老师，特别是执行主编陈瑛，慧眼识珠，极具胆略，在《麦维尔·杜威与美国公共图书馆运动》投稿的第 2 天，即以迅雷不及掩耳之势采纳了这篇稿件，这绝对创造了《图书馆》审稿速度的历史纪录。《图书馆》编辑敏锐的眼光和过人的胆识让人钦佩不已，相信这篇文章定能给读者带来一种全新的视觉享受，让读者深入认识和全面了解美国图书馆史上最耀眼的人物。

以下是文章结语的部分内容：

1925 年，新成立的"中华图书馆协会"（Library Association of China）授予杜威荣誉会员称号，杜威欣然接受，并表达了对"中华图书馆协会"通过图书馆提高民众教育的美好祝愿。1931 年 12 月 26 日，杜威因脑溢血于佛罗里达州的"宁静湖俱乐部"南方分社去世，享年80 岁。1951 年，在美国图书馆协会成立 75 周年及杜威诞辰 100 周年之际，杜威入选"图书馆名人堂"（Library Hall of Fame），位居影响美国图书馆史的 40 位杰出馆员之列。1938 年 10 月，时任普拉特图书馆学院副院长的劳士波恩发表"图书馆专业的先驱"的演讲，把杜威、普特南、克特、普尔列为美国图书馆史上的四大人物。1999 年《美国图书馆》杂志评选了 20 世纪美国图书馆界 100 位最重要的领袖，杜威以"现代图书馆事业之父"（Father of Modern Librarianship）的身份而荣登榜首。组委会评价道："他是一位天生的组织者、改革者，领导早期的新成员构建现代图书馆事业的基础""这位复杂而具有争议性的人物，在 20 世纪的整个图书馆行业中拥有唯一最伟大的影响"。麦维尔·杜威是美国乃至世界图书馆史上的旷世奇才，是美国公共图书馆运动史诗般的英雄人物，为美国图书馆事业的发展做出了无与伦比的历史贡献。

精彩内容，岂能错过？

——《麦维尔·杜威与美国公共图书馆运动》！

(2011 年 7 月 24 日)

后记：博士毕业之后的某一次聚会上，导师程焕文教授让我不要把学术研究停下来（或许他已经发现我毕业前和毕业之后所出现的变化），让我撰写杜威的传记。我回答程老师说，在美国图书馆学界，至少已经出现了 4 本有关杜威的传记作品，我身在中国，在查找文献方面特别是在获取一手的杜威档案资料方面，肯定是不能和这些作者相比的。坐在一旁的师姐潘燕桃建议我可以从中国人的视角来考虑问题，描述杜威的生平事迹和学术思想，我听了之后觉得很有道理：不能跟美国本土的作者拼资料，但是可以跟他们拼方法，以中国人的视角来看待和评论杜威未尝不是一件新鲜的事情。听了两位老师的建议，我觉得杜威的传记或许真的值得一写，只是现在事务缠身，不知道这个想法何时才能实现了。 ——2018 年 3 月 2 日记。

林达菲尔特事件

林达菲尔特（Klas A. Linderfelt，1847—1900）是美国图书馆协会曾经的主席，是 19 世纪末美国图书馆史上杰出的领袖人物。可是 1892 年春天发生的那起件事，彻底改变了他的命运。那起件事社会影响之大，无异于一场里氏 8 级的地震，给美国图书馆界的社会声誉，造成了无法弥补的损失。

美国著名图书馆学家格林（Samuel Sweet Green）在其回忆录《美国公共图书馆运动（1853—1893）》中对这起事件作了简要的叙述（参见《图书馆建设》2010 年第 7 期拙作《美国图书馆学家格林思想探微》）：

1892 年美国图书馆界受到了巨大的打击。林达菲尔特先生被高度认同为一名学者型的、勤勉的、成功的馆长。他曾经于 1891 年在旧金山召开的美国图书馆协会会议上当选为协会的主席。1892 年春天人们发现，虽然他有令人信赖和充满魅力的品质，但是却有道德上的缺陷。有消息报道说，4 月 28 日他在沃尔密基被捕，被控侵吞城市资金。他的朋友们捐资回填被他挪用的数额。案件 7 月 13 日于市法庭审理。由于宣判被延迟，他并没有入狱。然而这位曾被人高度尊重的官员和市民已经失去了他的声誉。他完全被击倒了，由于他的犯法不能被原谅，这件事成了他所熟悉的人中无法言状的遗憾。

美国知名的图书馆史博客写手 Larry T. Nix 在其"图书馆史爱好者博客"中直接用"林达菲尔特，悲惨的馆长"（*Klas A. Linderfelt, Tragic Librarian*）作为标题，对这起事件进行了回忆：

1892 年林达菲尔特因盗用公款而在密尔沃基被捕。在庭审中他被发现有罪，然而他的宣判被延迟。在追加指控的威胁下，他逃往欧洲并那里度过了他的余生。他于 1900 年去世。作为林达菲尔特先生被证实有罪的结果，美国图书馆协会从官方记录中除去了他的当选。林达菲尔特同样辞去了威斯康星图书馆协会的主席职务，使协会的领导层出现了真空。林达菲尔特倒台的故事和美国图书馆协会对此事的处理已经在 1977 年《美国图书馆》杂志三月和四月号维冈（Wayne A. Wiegand）的"任性的学者：一位美国图书馆协会主席的陨落、沉沦和历史的涂抹"一文充分地阐述。正如维冈在文章中指出的："美国图书馆协会正视现实和承认林达菲尔特从 1891 年 10 月至 1892 年 5 月曾任协会的主席，这似乎是唯一正确的"。维冈继而指出："若要提供某种与给予美国图书馆史上温沙、普尔和杜威过度赞颂的待遇相比较而言的平衡，馆员们应当记住林达菲尔特"换言之，歌颂图书馆史既要承认好的一面，也要承认不好的甚至丑陋的一面。

可喜的是，在林达菲尔特先生逝世 109 年之后，2009 年 10 月 22 日，威斯康星图书馆协会尊重历史的事实，承认他为威斯康星图书馆协会的建立、威斯康星和美国图书馆事业所做出的杰出贡献，并把他选入"威斯康星图书馆名人堂"（Wisconsin Library Hall of Fame）。组委会给林达菲尔特先生的颁奖词是：

从 1880 至 1892 年林达菲尔特担任密尔沃基公共图书馆馆长。1897 年新公共图书馆和博物馆的建设很大部分应归功于林达菲尔特首创的计划。他是威斯康星图书馆协会的创始人之一，并于 1891 年当选为协会的第一任主席。林达菲尔特活跃于美国图书馆协会并从 1883 至 1891 年担任协会的委员。1890 年他当选为美国图书馆协会的副主席并于 1891

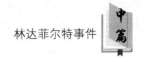

年当选为协会的主席。由于不利的环境，美国图书馆协会取消了林达菲
尔特的当选。

（2011 年 5 月 18 日）

美国图书馆史上鲜为人知的一幕
——纪念林达菲尔特先生

[**按**] 揭开美国图书馆协会历史上鲜为人知的一幕，还原美国图书馆史上一段已经被人遗忘的记忆。谨以此文纪念 111 年前逝去的美国图书馆协会主席林达菲尔特先生！

1892 年，对于美国图书馆界的人来说，无疑是打击最大、最为沉痛、最为悲痛的一年！这一年，林达菲尔特先生（Klas. A. Linderfelt）因为涉嫌侵吞公款而被捕，美国图书馆界失去了一位领军人物。

林达菲尔特先生是美国图书馆界曾经的风云人物，他以其学术、勤勉和执着而闻名于界，在美国图书馆协会中具有重要的影响力。正因为如此，在 1891 年于旧金山召开的美国图书馆协会会议上，林达菲尔特先生当选为美国图书馆协会主席，任期从 1892 年开始。可是 1892 年春天的那场风波，让一颗图书馆界巨星从此从北美大地上陨落了。

1892 年 4 月 28 日，已经担任美国图书馆协会主席的林达菲尔特先生因涉嫌挪用、侵吞公款而被威斯康星州密尔沃基（Milwaukee）当局逮捕。密尔沃基市法庭计划于 7 月 13 日对此案进行审理，但是由于某些原因，庭审被延期，林达菲尔特先生最终被免于牢狱。虽然如此，但是他的良好的社会声誉和崇高的业界威望却从此受到了无法弥补的损害。林达菲尔特先生被这件事彻底击垮了。

　　在事发后不到一个月，美国图书馆协会执行委员会于 1892 年 5 月 21 日专门召开了一次会议。协会秘书接受了林达菲尔特先生主席一职的辞呈；执行委员会的全体成员一致决定，除非遭到反对，协会第一副主席弗莱切先生（William I. Fletcher）将接任主席一职。

　　在"美国图书馆协会历届主席"的名单中，我们已经再也看不到林达菲尔特先生的名字。1891 年 7 月，由于麦维尔. 杜威的辞职，格林（Samuel Swett Green）接任主席一职，直到 1891 年 11 月。我们姑且把 12 月当作职务的空缺期，也就是说，至少林达菲尔特先生从 1892 年 1 月到他被捕后于 5 月 21 日召开的 ALA 执行委员会做出的由弗莱切接替他担任主席一职的决定生效之日起那四个多月的时间，林达菲尔特先生都是事实上的美国图书馆协会主席。可是今天，我们在美国图书馆协会官方网站上再也见不到林达菲尔特先生的名字了。

　　林达菲尔特先生由于受到了深重的打击，从此一蹶不振。为了远离美国这块伤心之地，他随后便移居到了法国。1900 年 3 月 18 日，林达菲尔特先生于巴黎去世，永远离开了这个曾经令他伤心的世界。

（2011 年 5 月 9 日）

影响美国图书馆历史的十大人物

[**按**] 美国图书馆史是我现在也是以后的重要研究领域。给中外图书馆史上的人物（Figures）作一个客观公正的排名是我长期以来的一个愿望。以下的排名，在尊重客观事实的基础上，加了我本人的意见和看法，但总体上反映了美国图书馆的史实。

一号人物：Justin Winsor（贾斯汀·温沙，1831—1897）

评价：在美国图书馆史上有这样一位人物，他曾经担任过用市政税收建立起来的美国第一家公共图书馆——波士顿公共图书馆的监管；他曾经担任过美国最古老和世界上藏书量最大的大学图书馆——哈佛大学图书馆的馆长；他是美国图书馆协会的第一任主席，并两次（1876—1885年，1897年）担任这个重要职务，前后达十年之久；他是世界上最早的图书馆学专业期刊《图书馆杂志》的创始人之一；他还是由美国教育部于1876年编制的在美国图书馆史上具有举足轻重地位的《美国公共图书馆：历史、现在与管理》特别报告的重要撰稿人。他就是美国著名的作家、图书馆学家和历史学家、19世纪末美国图书馆运动的杰出领袖贾斯汀·温沙（Justin Winsor）。温沙被美国图书馆界誉为学者型馆长（Scholar–librarian），他在读者阅读与藏书建设、馆藏利用、图书馆建筑、图书馆民众教育等研究领域取得了突出的成绩，为美国图书馆学研究和图书馆事业的发展做出了杰出的贡献。（摘自《美国图书馆学家温沙思想初探》）温沙成为一号人物，当之无愧！

荣誉：1876年美国图书馆界最耀眼的明星；美国图书馆协会第一任主席；"贾斯汀. 温沙奖"纪念者；1951年入选"图书馆名人堂"。

二号人物：Melvil Dewey（麦维尔. 杜威，1851—1931）

评价：把他放在第二位，和其自身的许多因素有关。与其说他是美国图书馆学家，倒不如说他是美国图书馆事业的组织者和图书馆学教育者。事实上，杜威在美国本土甚至全世界范围内都是一个非常有争议的人物。一方面，他为美国图书馆事业的发展做出了无法替代的贡献：牵头成立了世界上最大最古老的图书馆协会——美国图书馆协会，创立了在世界上使用最广泛的杜威十进分类法，建立了美国历史上最早的图书馆学院——哥伦比亚图书馆学院，两次担任美国图书馆协会主席（1890年，1892—1893年），并长期担任协会的其他领导职务；另一方面，杜威在图书馆学理论研究方面有很大的缺陷，并且具有严重的重实践轻理论的思想（不知道是不是因为吃不到葡萄就说葡萄是酸的）。据普拉特图书馆学校约瑟芬校长回忆，她从来没有听到杜威谈及到书，他进入图书馆行业只是想成立一个具有巨大教育潜力的行业（说白一点，就是想挣钱，杜威开办图书馆设备公司也是出于此种目的）；杜威的这种思想极大地阻碍了美国和世界图书馆学研究尤其是图书馆学理论研究的发展。

荣誉：1876年成立的美国图书馆协会第一任秘书（温沙主席的助手）；美国图书馆协会第五任和第八任主席；十进制分类法的创立者；1951年入选"图书馆名人堂"。

三号人物：William Frederick Poole（威廉·弗雷德里克. 普尔，1821—1894）

评价：在美国图书馆史上，每个著名的人物都或多或少有自己的闪亮之处，正如麦维尔. 杜威是以其十进制分类法享誉世界、克特以其展开式分类法闻名遐迩一样，普尔是以其期刊索引而为世人所瞩目的。普尔是19世纪美国著名的图书馆事业家，曾经担任波士顿商业图书馆、波士顿图书馆、辛辛那提公共图书馆、芝加哥公共图书馆和纽贝里图书馆的馆长，并取得了卓越的成绩；普尔还是享誉美国图书馆学界的理论家，在公共图书馆概念的界定、图书的选择与购买、图书馆建筑、期刊索引的编制、大学图书馆与大学课程教学的关系等研究领域都取得了不菲的成就；此外，普尔还是美国图书馆协会的第二任主席和第一届伦敦国际馆员大会的副主席，是美国历史上为数极少的既参加了1853年全美馆员大会又参加了1876年费城馆员大会的人物，成为美国公共图书馆运动史上杰出的领袖。（摘自《美国图书馆学家普尔思想述评》）

荣誉：美国图书馆协会第二任主席；普尔期刊索引的创立者；1951年入选"图书馆名人堂"。

四号人物：George Herbert Putnam（乔治·赫伯特·普特南，1861—1955）

评价：美国图书馆史上的四号人物，世界上最大的图书馆——国会图书馆历史上成就最突出的总舵主。大家可能会问，为什么选他而不是斯波福德？很简单，第一，普特南的任期是40年，斯波福德的任期是33年，我想再也不会有第二人会超过普特南了；第二，普特南1898年、1903—1904年两次担任过美国图书馆协会席，而斯波福德一次也没有，这说明了实力和受欢迎程度的差异；第三，如果说斯波福德是一个顽固不化的保守者的话，普特南就是一位锐意进取的改革者。斯波福德当馆长期间，国会图书馆与美国图书馆协会的关系疏远，甚至可以说很糟；正是普特南的命任，改变了这种状况，使国会图书馆与美国图书馆协会的关系进入了一个崭新的时代，当然，普特南进入更年期兴趣改变之后的情况另当别论。还有一件事不得不提的，那就是普特南在克特展开式分类的基础上，编制了世界上著名的、使用非常广泛的国会图书馆分类法。

荣誉：国会图书馆第八任馆长；1898、1903—1904 年美国图书馆协会主席；国会图书馆分类法的创立者。

五号人物：Charles Ammi Cutter（查尔斯·安米·克特，1837—1903）

评价：第五号人物的确定非常困难，因为人选确实很多，阿华田把它封给克特，主要是出于以下的考虑：他先后在著名的哈佛神学院图书馆、波士顿公共图书馆和福布斯图书馆工作，并担任波士顿公共图书馆馆长这一重要的职务长达 24 年之久；他编制的享誉美国的《克特展开式分类法》，为《国会图书馆分类法》的创立打下了基础；他长期担任美国《图书馆杂志》的主编，前后达 13 年之久；他是《美国公共图书馆：历史、现状与管理》特别报告的重要撰稿人，在目录学理论与实践方面做出了重要的贡献。

荣誉：著名的《克特展开式分类法》的创造者；1887—89 美国图书馆协会主席；1951 年入选"图书馆名人堂"

六号人物：John Cotton Dana（约翰·科登·达纳，1856—1929）

评价：在美国图书馆史上，达纳更像是一匹黑马，在星光灿烂的美国图书馆界散发出了绚丽的光芒。他曾经担任过丹佛公共图书馆、斯普林格公共图书馆、纽瓦克公共图书馆的馆长；他是美国图书馆开架借阅的先驱，并且建立了全美第一所商业分馆；他是美国专业图书馆协会的创立者和首任主席，并且在改善图书馆与外部关系的努力中做出了光辉的榜样；纽瓦克市政府专门把每年的 10 月 6 日定为"约翰·科登·达纳日"，新泽西法律学校还专门把校名改为"达纳学院"，这不能不说是美国图书馆界的荣耀。

荣誉：美国图书馆协会"约翰·科登·达纳公共关系奖"的纪念者；美国专业图书馆协会的创立者和首任主席；1895—1896 美国图书馆协会主席；1951 年入选"图书馆名人堂"。

七号人物：Mary Wright Plummer（玛丽．赖特．普卢默，1856—1916）

评价：也许问题又来了，肯定有人会问为什么不先选美国图书馆协会的第一任女主席埃尔门多夫而选第二任女主席普卢默呢？问得好！可是答案很明显：与埃尔门多夫相比，普卢默更像是一位才女。她才学过人，21 岁还在上大一的时候就撰文参加了美国图书馆协会千岛会议（Thousand Islands Conference），震惊了美国图书馆界；她是美国普特拉图书馆学院的创始人，纽约公共图书馆图书馆学院的第一任院长，在美国图书馆学教育史上具有不可替代的作用；她撰写了大量的有关小型图书馆和儿童图书馆事业方面的著作，在美国儿童图书馆事业史上具有显赫的地位。（《普卢默图书馆学思想探析》正在酝酿之中）

荣誉：普拉特图书馆学院和纽约公共图书馆图书馆学院的首任院长；美国图书馆协会的第二任女主席（1915—1916 年）；美国儿童图书馆事业的杰出领袖

八号人物：Theresa West Elmendorf（特丽莎．韦斯特．埃尔门多夫，1855—1932）

评价：这是一位女强人，她曾经协助其丈夫达十年之久，把布法罗公共图书馆打理得井井有条，验证了每一个成功的男人背后都有一个成功的女人的真理；家庭（丈夫早逝）的不幸被没有把她击垮，也没有削弱她对图书馆事业的热情，反而激发了她奋发向上的斗志。她曾经担任纽约图书馆协会主席，曾经担任美国图书馆协会历史上的第一任女主席，为美国图书馆界人数众多的女性树立了光辉的榜样。她是一位出类拔萃的女性，以自己的实际行动，唤醒了美国人民对图书馆事业的热情，激励着美国图书馆人奋勇前进。

荣誉：美国图书馆协会第一任女主席（1911—1912 年）；1951 年入选"图书馆名人堂"。

九号人物：Charles Coffin Jewett（查尔斯·科芬·朱厄特，1816—1868）

评价：美国图书馆事业的先驱，1853 年全美馆员大会的主席。朱厄特能够顺利当选为大会主席与其在北美图书馆界的崇高威望与地位不无关系。1841 年，年仅 25 岁的朱厄特就担任布朗大学第一任专职馆长，他非常注重馆藏建设，遍访欧洲采购各种文献资料，并于 1843 年主持编制了包括 1000 卷图书的布朗大学图书馆目录及其主题索引，受到了《北美人评论》（North American Review）和其他出版物的良好赞誉，使布朗大学图书馆成为当时北美重要的学术图书馆；1847 年，朱厄特开始担任史密森宁学院图书馆馆长，他重视开展馆际之间的交流与合作，编制了美国公共图书馆第一部名录，撰写了公共图书馆报告，并与大部分图书馆建立了文献交换和资料互赠的关系，使该馆成为美国收藏世界学术出版物最多的单位。此外，为了统一全国图书编目的质量和效率，避免重复编目带来的人力、物力和财力的浪费，朱厄特还提出建立全国集中印制图书馆目录的计划，并主持编制了世界学术机构出版物目录。作为北美图书馆事业的先驱，朱厄特在美国图书馆界和目录学界享有盛誉，这正如 1886 年普尔所说的，朱厄特是"美国早期图书馆管理方法改革者中最能干且最有热情的……是 1853 年大会召集和组织的精神领袖。"（摘自《1853 年全美馆员大会及其历史意义》）

荣誉：美国图书馆事业的先驱；1853 年全美馆员大会主席。

十号人物：Thomas Bray（托马斯·布雷，1658—1730）

评价：把他放在最后一位，并不是因为他对美国图书馆事业的贡献不大。事实上，托马斯·布雷在北美殖民地图书馆的建设和发展中所取得的成绩是无与伦比的，仅仅在马里兰地区就建立了至少 29 所教区图书馆。目前也有一小撮美国人把托马斯·布雷尊称为"美国图书馆之父"（Father of American Libraries），但是并没有得到美国图书馆界的承认，原因可能是托马斯·布雷是一位外国人（英国人），是一位传教士，1696年被伦敦大主教亨利·坎普顿（Henry Compton）派往马里兰去组织教会，虽然外国人为本国的图书馆事业的发展做出了巨大的贡献，但是把外国人立为这个父那个后是对国家和人民的不敬。不管怎么说，研究美国图书馆史时如果想绕过托马斯．布雷那是万万不能的，也是对历史事实的忽视和不尊重。

荣誉：北美殖民地图书馆事业的开拓者。

（2009年11月7日）

下 篇

期刊评论

新月刊，新希望

开学不久，新改版的月刊《图书馆论坛》赫然出现在我的办公桌面上，而且是两期（第一、第二期）一起寄来，着实让我兴奋不已。图乐兄说，为了不影响期刊的按时出版，他在过年之前加班加点，早就把第二期的文章排好了版，与第一期一起印刷了。新版论坛的封面还是熟悉的模样，厚度却已经大大地减小，最令人耳目一新的，当属版式的更新和栏目的创新。

新月刊的栏目，已经从原有相对较多和较为杂乱的种类，更变为较为固定的四类：理论研究、工作探索、数字技术、他山之石。虽然这样分类显得很笼统，但是很直观和简洁，省却了许多猜测的功夫和对号入座的麻烦。当然我相信论坛的栏目不会每一期都一成不变，原有的优势栏目，例如"图情人物"，仍然会时不时地映入读者的眼帘；其他让我们意想不到的栏目，例如"博士论坛""图书评论"等，一定会给我们带来不小的惊喜。

《图书馆论坛》作为一个全国性的核心刊物，其作者来源应当具有广泛性和代表性，否则又会沦为一个纯粹的地方性刊物（更改"广东图书馆论坛"的名称即是其向全国进军的表现），事实证明，期刊编委会的取消以及其后"广东图书馆研究"栏目的删除，永远是明智的选择。

能成为新版半月刊论坛第一期的第一篇文章的作者，是一件很荣耀的事情。这件幸运的事落在了武汉大学的计量专家邱均平的身上。近年来，邱均平领导他的弟子在文献计量领域作了一系列有益的探索，甚至在大学排行榜上一度做得有声有色，成为图书馆学界中的红人，在本学界之外亦产生了不小的影响。只是由于后来各色排行榜粉墨登场，散发在他身的荣光慢慢褪去。

很多人说不知道写什么，挖空心思也想不出编辑喜欢的点子，再加上工作、家庭、孩子，日子在叹息中一天天地过去，终日无所事事。看看新版论坛第 2 期的最后一篇文章——郑州大学图书馆李永秀的香港高校图书馆用户违规处理政策的比较研究，我们就知道所有的一切的一切，都只是一个托词，都只是想为自己的懒惰找一个借口和理由。还是那句话，世上无难事，只怕有心人。

新论坛，新月刊，新希望！

（2014 年 3 月 12 日）

谈谈期刊约稿

特约稿件在每一期刊物中所占的比例应该以多少为宜，并没有一个标准，一般的人会认为越多越好——如果一个刊物不舍得花钱，没有一篇约稿，那这个刊物很难有出头（成为核心期刊）之日，或者迟早会被挤出核心期刊之列。

个人认为，每一期的约稿数占当期稿件总数的比例，以 5%～6% 为宜，也就是对于一本有大约 33 篇文章的期刊来说，有 1～2 篇文章为特约稿件是最好不过的。太多是对期刊社和社会资源的浪费，也会对期刊未来发展带来沉重的经济负担；太少则对刊物的知名度和美誉度不利，使刊物逐渐被学界和业界边缘化，甚至被学界所遗忘。

既然期刊约稿对一个期刊的发展必不可少，那什么样的人是期刊约稿的重点对象呢？一般的期刊编辑都会把目光瞄准那些名气很大的老专家和老教授，这是很容易理解的，因为他们的稿件很容易为期刊带来立竿见影的效果和好处，但是向他们约稿的弊端也是显而易见的，主要包括不能及时赐稿（因为他们太忙），影响期刊的出版周期。

依我之见，期刊编辑约稿的重点对象应该集中于年纪较轻、思维活跃、想象丰富、创造力旺盛的中青年人群。期刊社向他们约稿，一来可以及时收到稿件，不至于拖半年甚至一年也见不到来稿；二来可以少付甚至免付稿费，因为这些人正处于学术积累期，不会计较报酬和得失；

三来论文的观点新颖、思想活跃，容易使年轻读者产生共鸣和激励作用，从而对他们的科研和工作产生更大的影响。

　　国内目前颇有潜力的青年学者为数不少，从北方数到南方，可以数出一大筐，例如北京的黄国彬和李书宁、湖北的邓胜利、湖南的杨思洛、江苏的顾烨青、上海的刘宇、福建的郑锦怀、广东的庞弘燊，等等等等，不胜枚举。如果跟这些青年学者约稿，一定会大大增加期刊的人气指数，也会为期刊的未来发展打下良好的基础。

（2014 年 1 月 5 日）

关于《图书馆论坛》

　　《图书馆论坛》从 2014 年第 1 期开始，将要改为月刊了，实现了三代副主编的梦想，我想大家已经从去年最后一期的通告中得到了这个消息。这是否意味着今后论坛发文量更大、文章更容易被录用？非也！

　　论坛改为月刊，最明显而直接的效果，就是发文的速度提高了，从之前的双月一期变成了一月一期，这对于有特殊需要的人来说，无异于是一种福音。但是对于发文量，并没有增加，从双月刊的 180 多页，锐减至 120 多页，也就是月刊的论坛比双月刊的论坛更薄了，从而将使新的一年里论坛的总发文量有减无增。

　　另一方面，论坛现在实行严格的三审制度和同行评议制度，一些文章甚至同时发给 5 个外审专家审阅（这在国内图书馆学界甚至是整个学术界都是极为罕见的），最后是否录用取决于外审专家中的多数意见。从这个意义上说，现在投给论坛的文章更难被录用了，所以诸君在投稿之前要先掂量自己的文章，先给自己的论文打分（参阅鄙文《如何给自己的论文打分》），再决定往哪个期刊投稿，做到有的放矢，百发百中。

　　对于论坛来说，2013 年最遗憾的事情要数副主编张晓源老师的退休了。晓源老师是广府人，低调务实，兢兢业业，为论坛的建设和发展鞠躬尽瘁，呕心沥血，付出了常人难以想象的努力，做出了众所周知的贡献。虽然我到目前为止只见过三次晓源老师，但是他的谦和与儒雅，给我留下了深刻的印象。祝愿退休之后的晓源老师身体更健康，生活更精彩！

作为论坛的外审专家，因为自己个人的原因（忙于工作和学业），2013 年只审阅了几篇文章，有直接录用的，有修改后录用的，有修改后再审的，也有直接退稿的。现在的论坛绝对不会有人情稿，录用与否完全取决于文章的质量。认识我的人可能会在上传稿件的时候指定我为外审专家，但术业有专攻，我擅长的领域很有限，编辑部会根据文章的主题而有所选择，也就是投稿的时候指定我为外审专家的稿件最终并不一定是送到我手中。希望大家能够理解和体谅。

我深信，在刘洪辉主编和新晋副主编刘洪（图乐）先生的领导之下，在全体编辑部老师的共同努力之下，严格实行三审制度（初审、复审和终审）和同行评议制度的《图书馆论坛》，一定会迎来更加辉煌的明天。

（2014 年 1 月 5 日）

关于访谈录及论坛

今天下午终于收到了盼望已久的《图书馆论坛》第 3 期，而且是五本样刊（"图林五散人"每人一本）加一本赠刊（论坛赠送我阅读的），着实让我惊喜不小。里面的美文不少，看得我心潮澎湃。当然值得关注的，还有我们"图林五散人"对乔好勤教授的访谈录——《七秩光阴伴书苑，一生事业付芸编——著名图书馆学家、目录学家乔好勤教授访谈录》。

第一时间群发短信给其他图林散人，向他们道喜，让他们一起来分享此时此刻的心情。没过几分钟，按捺不住的图情牛犊就打来电话，迫不及待地询问起这篇文章来了，还笑嘻嘻地问我说他肯定是第一个打电话进来的，看来他也是一个急性子，做事雷厉风行的。然后是味斋主人，这家伙说早几天就在南京大学图书馆看到了，也不早点告诉我，接着神秘兮兮地跟我说，这文章若是直接署名"图林五散人"，宣传效果就更好了。Follaw 第三个发来短信，哈哈哈大笑三声，不知道他葫芦里装的什么药，想必心里有鬼。XP 直到五个小时之后的晚上十点过后，才发了三个字（具体哪三个字，暂时保密），想必是给网易公司害的，加班加点到十点，哪有时间和心情回我的短信呀？！

关于这篇访谈录，我本来想投给《山东图书馆学刊》的（这个刊物有一个非常有名的专栏"图书馆学老教授访谈录"，由韩淑举老师主持），而且曾经打过电话给韩老师，只可惜她当时没有接到电话。后来急性子的我在图乐兄说对访谈录很感兴趣之后，就立马发给他了。在稍后聊天的过程中，跟《图书馆》的陈瑛老师聊起了这件事，她说她也对这篇访谈录感兴趣，叫我发给她看看（只是给她看看，并非一稿两投哦）。办事利索的她第二天就告诉我说，她们编辑部一致认为，这篇访谈录不错，若是《图书馆论坛》不录用，她们直接刊发。于是，我只能静静等待论坛的审稿结果。

都知道编辑部的老师们都是大忙人，图乐兄和晓源老师当然也不例外。过了一周，图乐兄说他这一关没问题了，他很喜欢这个访谈录，说很有教育意义。事实上，后来图乐兄打电话给我说，他反反复复地看了几遍，每一次都有新的感受与体会，觉得对图林学人特别是新人的指导意义极大。图乐兄说稿件在晓源副主编手上终审，他现在很忙，要等一阵子才有最终的答复。静静地又过了几天，电子版录用通知毫无悬念地出现在了我的邮箱里。

说实话，访谈需要有很高的技巧，特别是提问的艺术，这样可以最大限度地引导被访谈者回答更多有用的素材和史料。可是我们五个都是访谈的新手，都没有什么经验，只是经过简单的讨论和计划就直奔乔老的寓所了，并没有给出深思熟虑的采访大纲。若是我们有韩淑举老师一半的访谈技巧，我想这篇访谈录会更加有看头。举个例子说，乔好勤老师在图书馆学方法论研究方面有很深的造诣，可是我们在访谈的过程中，并没有深入讨论这方面的问题，希望日后能将这一点遗憾弥补上。

昨夜图乐兄要我对新版论坛"拍砖"，我想了想，其实《图书馆论坛》这本期刊也蛮不错的，至少是日趋完美，挑不出什么毛病，只是偶尔会在其中发现一两个文字或标点有误。若真要挑刺，那目录页中的文章分类（栏目名称）还真的需要好好修改一番。

我提一些建议，如为了保持栏目名称的整洁和形式的统一，建立全部改为四个字，"争鸣·探索"改为"争鸣探索"；"广东图书馆研究"

改为"本土研究"或"粤图研究";"网络化·电子化·自动化"栏目里面,因涉及数字图书馆的文章较多,未来可改为"数图研究""信息资源建设·信息组织""信息服务·信息开发与利用"可以分为"资源建设"和"读者服务"(或者"信息服务")两部分;"图书情报教育·素质教育"可以改为"图情教育";"图书情报界人物"可以改为"图林人物";去掉"一事一议"这个没有什么特点可有可无的栏目,保留"文献之窗"这个栏目;增加"基础理论""图书馆史""综述评论"三个栏目。那样的话,更加完美。

(2012 年 5 月 19 日)

北大核心期刊揭晓
——几家欢乐几家愁

　　昨夜和图情牛牍打电话的时候，他告诉我说当天（2012 年 4 月 9 日）在"学网"（《大学图书馆学报》读者沙龙）中登出了 2012 版 "中文核心期刊要目录总览"。今天早上一上班打开电脑，果然见到了 姗姗来迟的新版"中文核心期刊要目总览"。其实早在数周之前，《图 书馆论坛》的图乐兄就眯眯地告诉我它即将出版了，或许他通过小道消 息早就知道了论坛高居第 5 的事实；美女主编陈瑛也间接得知了《图书 馆》排名第 6 的好消息，但是显得异常的冷静，似乎结果早在她的意料 之中。我很为图乐、晓源和陈瑛感到高兴，这是这两个期刊编辑部老师 长期辛苦努力的结果。

　　"中文核心期刊要目总览"近六年来已经被南京大学 CSSCI 迎头 赶超，在许多学术机构特别是高校中失去了作为科研评价工具的霸主 地位，但因为师出名门北大，在国内还是具有很高的影响力。除了某 些入选期刊及排名让人诟病之外，它还具有一个非常显著的特点，那 就是每一版的面世速度奇慢，总是比 CSSCI 慢好几拍。

北大"中文核心期刊要目总览"与南大"中文社会科学引文索引"（CSSCI）比较研究

中文核心期刊要目总览（2008 版）		中文核心期刊要目总览（2012 版）		CSSCI（2012—2013）	
中国图书馆学报	1	中国图书馆学报	1	中国图书馆学报	1
图书情报工作	2	大学图书馆学报	2	大学图书馆学报	2
情报学报	3	情报学报	3	情报学报	3
大学图书馆学报	4	图书情报工作	4	图书情报工作	4
图书馆杂志	5	图书馆论坛	5	图书情报知识	5
图书馆论坛	6	图书馆	6	情报理论与实践	6
图书馆	7	图书馆建设	7	图书与情报	7
情报科学	8	图书馆杂志	8	国家图书馆学刊	8
图书馆建设	9	图书情报知识	9	情报科学	9
现代图书情报技术	10	情报理论与实践	10	图书馆建设	10
图书情报知识	11	情报科学	11	情报资料工作	11
情报资料工作	12	现代图书情报技术	12	图书馆杂志	12
情报理论与实践	13	情报杂志	13	图书馆论坛	13
情报杂志	14	情报资料工作	14	情报杂志	14
图书馆工作与研究	15	图书馆理论与实践	15	图书馆	15
图书馆理论与实践	16	图书馆工作与研究	16	现代图书情报技术	16
图书馆学研究	17	图书馆学研究	17	图书馆工作与研究	17
图书与情报	18	图书与情报	18	图书馆理论与实践	18
国家图书馆学刊	19	国家图书馆学刊	19	（2 种档案学杂志）	19/20

从上表中可以看出，新版（2012）"中文核心期刊要目总览"与旧版（2008）比较，最大的区别是：前 4 名期刊中，把半月刊《图书情报工作》从第二的位置拉了下来，变成了第四（这就是改成半月刊的结果），《中国图书馆学报》的状元地位无人能够撼动，《大学图书馆学报》荣登榜眼，《情报学报》跃升探花；后 5 名期刊当中，只是把《图书馆工作与研究》和《图书馆理论与实践》的位置换了一下（许多人认为《图书馆学研究》最有可能被淘汰出局，其次就是这两本期刊）；

《图书馆论坛》和《图书馆》继续往金字塔的顶端冲击，笑傲江湖；《图书馆杂志》从第 5 的位置掉到了第 8，《情报科学》从第 8 的位置掉到了第 11，两者跌幅最大；《情报理论与实践》从第 13 的位置升至第 10，涨幅最高；口碑不佳的半月刊《图书馆学研究》，出人意料地继续保持在核心期刊的阵营；声誉和质量俱佳的《图书与情报》与《国家图书馆学刊》仍然被排在了末位，让人震惊和遗憾。

新版"中文核心期刊要目总览"与 CSSCI 相比，有些期刊的排名反差太大，有点不正常，亦不符合常理。以《图书与情报》为例，CSSCI 的排名是第 7，个人认为比较接近它在国内图书馆学期刊界的排名，而"中文核心期刊要目总览"则把它排在了倒数第 2 位，令人费解。《图书馆论坛》和《图书馆》在"中文核心期刊要目总览"2012 版中分别排在第 5 位、第 6 位，而在 CSSCI 中排名第 13 位、第 15 位，反差太大——个人认为，以这两个期刊在国内的实力和影响而论，排在前八名比较接近它们的真实水平。

不管是哪家评价工具，结果总是会有人欢喜有人忧，几家欢乐几家愁，这是无法避免的——只要有首位，就会有末位，因为不可能人人都排第一，或者人人都排最后。不管怎样，我们都应以平和的心态来看待这些排名。不过说起来容易做起来难，我想很多期刊编辑一定会深有体会，五味杂陈。

（2012 年 4 月 10 日）

外审专家初体验

很久很久以前，自己就有一个梦想，梦想有一天能成为一名出色的外审专家，秉持公平，维护正义。

外审专家是一个很神秘的职业，神秘到就像国安局的特工一样，给人以神龙见首不见尾的感觉。我们无法想象他们的权利有多大，在我们的脑海里和记忆中，他们就像杂志的主编一样，拥有文章的生杀大权，让我们对他们产生几分敬畏之情。

托《图书馆论坛》的福，这个月中旬，我一不小心终于成了一名外审专家。

3月14日，就在我女儿诞生之后的第八天晚上，我接到了编辑部主任图乐兄刘洪老师打来的电话，邀请我审阅一篇有关目录学的文章，这让我感到既高兴又紧张——高兴的是我终于成为外审专家了，这是我多年以来的梦想；紧张的是，虽然我硕士学的是目录学专业，但是我现在已经改行了（就像许多人曾经有过的经历一样），转而研究美国图书馆史了，而且我发现自己对国外图书馆史更感兴趣。本想婉拒图乐老师的美意，但盛情难却，最后只好恭敬不如从命了。

没过十分钟，图乐兄就为我注册了专家审稿的账号和密码，我迫不及待地进入了论坛的专家网络审稿系统。在系统的待审理稿件一栏，我看到了那一篇考证文章，我更喜欢思辨性的文章，不管是唱红脸的武汉大学彭斐章教授及其弟子或者弟子的弟子的文章，还是唱黑脸的湖北经济学院刘国华研究馆员抑或南开大学徐建华教授的文章，读起来都会让人觉得更有意思。这种考证性质的文章，读起来比较乏味，而且一时半会也难于查证其资料的准确性，只能通过其论点和论证过程来判断其研究的可靠性。

因为初为人父的缘故，晚上睡不好觉，白天又要坐班，忙一些琐碎的事情，根本没有心情和精力去认真看稿件。直到今天上午，在意识到过几天就要回老家拜山，而外审的截止日期就要到来时，我才坐下来静静地品读这篇目录学考证文章。

说实话，还仅仅是在阅读文章的摘要的时候，这篇文章就让人觉得有存在很大的问题——"武断"，这是做考据学研究最忌讳的问题。在文章的正文，虽然作者提出了一些有见地的观点，并且似乎能够自圆其说，但支持其论点的论据（有效支撑材料）少之又少，给人一种海市蜃楼的感觉。评阅的结果是这篇论文并不能令人满意。图乐兄赞同我的观点，称有些文章有观点，无材料。

"说真话，审得不错！"图乐兄坦言道。

"真的吗？呵呵，不要说我乱评就行。"我心里很高兴。

我希望作者能搜集更多有说服力的材料，并且改变论证的方式，不要抓了几只黑猫就断言天下的猫都是黑的，决然没有白猫存在的可能性。当然，我更希望听到不同的声音，不管是来自刘国华的还是徐建华的，虽然他们的文章让人感觉不舒服，甚至听着刺耳，但是对于学科的健康发展也是十分必要的。具备包容的属性，接纳不同的声音，才是一个健全的学科所应该拥有的。

我做过文章的初审工作，为杂志组过稿件，现在有幸成为《图书馆论坛》的外审专家，感谢论坛编辑部对我的厚爱与信赖。我向图乐兄直言自己更喜欢审阅图书馆史尤其是美国图书馆史方面的文章，并相信经过这么多年的学习和摸索，自己能胜任这个研究方向论文的外审工作。

当然，我不会仅仅满足于做一名出色的外审专家，我的目标是做中国最好的图书馆学期刊主编！

我相信，这并不是一个遥不可及的梦想。

（2012 年 3 月 26 日）

《图书与情报》步入而立之年

30 年，弹指一挥间。人气旺盛、气场强大的双核心期刊《图书与情报》，转眼之间迎来了他的 30 岁生日。

编辑部的魏志鹏，这个时候，我想已经去兰州中川机场接机了。我的硕士生同学兼舍友、中国科学院国家科学图书馆博士毕业生、北京师范大学图书馆馆员、知名的学者李书宁已经应邀出席编辑部成立 30 周年庆典活动。或许两个人已经在酣畅交流，羡煞了远在千里之外的我。

早在 6 月底放暑假之前，志鹏就通过网络邀请我参加将于 8 月份召开的《图书与情报》30 周年庆祝大会。对于一个非常低调和务实的期刊来说，可以想象这个庆典的规模一定是非常有限的，邀请的人一定不多（事实也证明我这种假设的正确性）。作为一个无名小辈，能受到核心期刊社编辑部的邀请，那当然是一件深感幸福和光荣的事。一来可以跟认识很久但从未谋面的好朋友，特别是编辑部的志鹏兄和景发老师畅谈学习与生活，加深理解和友谊；二来可以见见那些业界和学界的专家和教授，开拓自己的知识和眼界。只是出于各种各样的考量，我当时并没有正式答应他前往。

7 月中旬，志鹏通过电话跟我联系，再次诚恳地邀请我前往兰州小聚，希望我腾出几天时间出去散散心，调整一下自己的心情，这样也利于今后更好的学习和工作，并把编辑部会议和游览的时间安排表发到了我的邮箱。看着那将去青海湖旅游的诱惑，我承认自己确实曾经有点心动过；听说编辑部邀请的人，还有几位来自全国各地的同仁，虽然没有和他们见过面，但是其中的某些人（并不是全部），自己还是想见一见的。不过我这个人比较懒，不管是什么事情，当然包括外出旅游，都是想得多做得少，而且图林五散人广州聚会刚刚结束，前后用了大约10天的时间，已经打乱了我原来暑假读书的计划，我觉得自己应该静下心来好好看点书，否则心里会感觉很不安；再加上年迈的母亲已经来到广州，内人休假在家正需要我照顾，所以我最后做出决定，只能忍痛割爱编辑部的盛情邀请。

七月下旬的某一天，突然接到了李书宁的电话，听得出来他很激动的样子，原来他在北京《图书情报工作》期刊会议上见到了志鹏（李书宁在读博期间，在《现代图书情报技术》上做过一年多的编辑，对稿件进行初审和复审，所以跟兄弟期刊社很熟），并知道《图书与情报》杂志社有意邀请我前往兰州相聚。李书宁是一位真诚、坦率而大方的人，他原来的网名就叫作 Noreject，也就是从不拒绝的意思。事实上，正像他的网名一样，他把他所知道的知识，特别是有关信息检索的知识和技巧都毫不保留地传授给我们——可以毫不夸张地说，如果没有他，我们学校2006届的其他图书馆学硕士生肯定学不到那么多东西，质量绝对要大打折扣。对于他的慷慨相助，我们所有的人是心存感激的。毕业至今已经有五年的时间了，他也想趁这个机会见一见老同学，只是我的决心已定，最后让他感到很失望，又不知道什么时候才能见上一面了。

《图书与情报》从来都是我喜欢的核心期刊，不管是在什么场合，不管是跟谁在一起，在谈到这个刊物的时候，我都会流露出欣赏和喜悦的心情；而且我也不止一次在论坛和博客中对它，特别是编辑部的王老师和志鹏赞誉有加。事实上，编辑部的全职编辑，据我所知，就只有他们两个人，其他的人都是挂名或者是兼职的，我们由此可以想象他们的工作有多么的艰苦和繁忙。可以说正是他们两个人，撑起了西北图书馆学、情报学期刊界的半边天空。《图书与情报》编辑从来就不缺乏不断改革、锐意进取的精神，只是这种创新的步伐，迈得太慢了一点。我们希望，明年的《图书与情报》从里到外都能给国人带来一种全新的视觉和精神享受，争取早日成为中国最受读者欢迎和喜爱的图书馆学、情报学期刊。

祝贺景发老师与志鹏兄！祝福《图书与情报》！

（2011 年 8 月 4 日）

《图书与情报》贺岁版

　　昨天收到了《图书与情报》赠阅的 2011 年第 6 期，也就是我在这里所说的"贺岁版"，让我眼前一亮——《图书与情报》是越来越有看头了，这话一点不假，从作者群和文章内容便可知晓。这个杂志吸引了越来越多人的眼球，也是不争的事实。粗略地算了一下，在这一期当中，有北京大学的王子舟和王余光、黑龙江大学的蒋永福、南开大学的王知津、首都图书馆的倪晓健、湘潭大学的文庭孝等，还有我的硕士同学、中国科学院博士、北京师范大学图书馆的李书宁。

　　"理论园地"中的"NGO 援建民间图书馆发展报告"是我感兴趣的话题。北大有些博士生是研究民间图书馆的，例如吴汉华便是其中一位，不知道他是不是师从王子舟老师。本篇文章的第一作者为国家图书馆数字资源部的邱奉捷。文章比较长，今天凌晨爬起来通读了全文。文章的图表很多，数据比较丰富，但内容分析有待深入。我个人比较喜欢最后两部分中的某些观点，如"建一所图书馆就像播下一粒种子，如果没有浇水培育……""个别地区政府没有公信力也给 NGO 合作办馆带来了很大风险""NGO 援建图书馆的成效不仅要看捐建了多少图书馆，而且还要看这些图书馆真正在良好运行、发挥效力的有多少""建立起中立、客观的第三方评体系并形成有效的运行机制，这是 NGO 援建民间图书馆活动乃至民间图书馆事业发展所面临的急迫任务"。

　　本期刊物中最吸引我的，当属黑龙江大学"三剑客"（蒋永福、马海群、傅荣贤）之首的蒋永福的大作《文献政治学：图书馆学研究的新领域》。蒋老师提出了"文献政治学"这一新的分支学科，从学科性质和内容体系论述了"文献政治学"成为一门科学的必要性和可能性。我怀着激动的心情阅毕了全文，这确实是一个新鲜的领域，感觉跟国外的文献审查史有很多的相似之处（日后若有时间，我会从事这方面的研究）。认真拜读全文之后，我只发现正文中有两个错别字——第45页中的"阐明文献传播与权力秩序维护之间的关系，当为问先政治学研究的重要内容"中的"问先"应为"文献"。不用说，蒋老师肯定用的是拼音输入法。拼音输入法有许多弊病，建议蒋老师还是用五笔输入法。此外，参考文献（9）中的"历代"应为"古代"，疑是蒋老师笔误。

本期的卷首语的语字，依然是这样的清新而感人。能写卷首语的专业杂志，已经是凤毛麟角了。据《图书与情报》的编辑魏志鹏说，2012年可能要取消卷首语了。如果是这样的话，这可能就是该刊最后一篇卷首语了。封面推荐的学者及其文章，也是非常突出的，这一点，我相信大多数的读者，都会非常喜欢，这些人物及其文章，就是本刊本期的亮点。

可以说，《图书与情报》在大小拼命三郎王景发和魏志鹏的精心打理之下，获得了业界的广泛关注甘肃省图书馆应该感谢编辑部的同事，以拥有这样敬业的同事为荣耀与骄傲。不过，正像《图书馆论坛》的图乐兄（刘洪主任）所说的，"如果要惩罚一个人，那就不留余地地表扬他，直到毁灭他。"这个道理对于期刊发展来说，同样适用。客观地说，《图书与情报》还存在着许多的缺点，仅从文前字体版式、文后转承起接、栏目内容分类三方面考量，并不能令人满意。编辑一直说要革新，可是光打雷不下雨，步子迈得实在是太慢了。

祝愿《图书与情报》越办越好！

（2012年1月17日）

看得见的点滴变化
——读《图书与情报》贺岁版

2013 年 3 月 1 日，《图书与情报》2012 年第 6 期（俗称"贺岁版"），终于寄到我的手上。这是一份迟来的新年礼物。

我觉得，既然杂志社编辑对我厚爱有加，每一期都赠予我阅读，若不认真阅读其中的一两篇，至少是仔细浏览其中的目录，那是对不住人家的，也是一种资源的浪费。我曾经发现一些大馆的馆长，由于事务缠身，那些寄给他们的期刊，只有剪开包装抽出来堆在一边的命，连正眼看一下的机会也没有，想想也是让人心酸的事情。

我想说，我喜欢它现在的版式，胜过它这两年的任何一期。由于之前每篇文章文前的字体太多，字号参差，让人看得眼花缭乱，失去了许多阅读的兴趣。现在的字体和版式，看着舒服了很多，基本上只保留了两种字体形式——中文宋体、英文 Times New Roman。这也是绝大多数学术期刊目前最喜欢用的两种字体形式。虽然这种版式方面的更改并不明显，但这点滴的变化，却凝聚着编辑部老师们的许多辛勤与汗水。

仔细浏览了期刊的目录页，发现了许多熟悉的名字，其中既有我硕士的同学，也有许多大家。我一直以来都特别喜欢李超平教授主持的"馆长的故事"这个栏目，因此直接翻到了那一页，领略了一个平凡的小县城图书馆馆长的不平凡的故事。

　　托尔斯泰曾说："幸福的家庭都是相似的，不幸的家庭各有各的不幸"。对于县级及以下的小型图书馆，我们可以这样说：幸福的图书馆各有各的幸福，不幸的图书馆都有相似的不幸。我想，这个相似的不幸就是没钱。像众多的馆长故事一样，桃江县图书馆馆长高玉辉，也是通过自己的不懈努力，使图书馆的日子越来越好，服务越来越好。总而言之，这些馆长的故事都像童话故事一样，幸福和快乐是结局。

　　那一年，在我 2000 年 7 月本科毕业之后，我曾经担任过东莞市职业技术学校图书馆馆长。当我到任的时候，在我眼前的只有散落在地上的 2000 多册图书。三年后，当我 2003 年 8 月考上研究生离开那座图书馆时，它已经初具规模，馆藏达到了 12 万册，并且有了相对完善的部门结构。

　　我想，如果由我来担任一个小县城的图书馆馆长，我还会做得有他们那么好吗？答案是不一定。这也是我为什么那么喜欢"馆长的故事"这个栏目的重要原因。

（2013 年 3 月 1 日）

国内图书馆史研究载文前 5 名期刊排名

　　《论图书馆史研究的重要性》一文，2011 年 6 月 17 日投的稿，经过将近一个月时间的等待，7 月 15 日终于花落《图书馆》。虽然这篇文章写得一般，但是它的录用还是让自己的心里美滋滋的，就像在这火热的夏天吃了一根冰激凌；而编辑部的老师还专门打电话通知我录用事宜，外加邮件通知，让我心里感觉爽爽的。

　　写这篇文章起因，源于拜读谢拉于 1945 年发表的《论图书馆史的价值》（*On the Value of Library History*）过程中的心得和体会。谢拉认为历史的目的不仅仅是回忆，回忆是不够的；对历史事件的简单叙述是不够的，除非它不仅能够生动地再现过去，还能够成为更好地理解现在的中介。谢拉把图书馆史作为理解图书馆的过去和现在的一种必不可少的桥梁和纽带，彰显了图书馆史研究的意义和重要性。虽然图书馆史研究在图书馆学中具有如此重要的地位和作用，但国内图书馆学界目前仍然未能对其提起足够的重视。

　　而这篇文章写作的直接推动力，则始于江南大学图书馆吴稌年老师的建议。在图书馆史研究领域钻研十数载，吴老师对图书馆史研究的意义和重要性有深刻的认识与体会，一直想写一篇相关的文章，只是由于某些方面的原因，这个计划一直未能成行。我把《论图书馆史研究的重要性》的写作计划告诉吴老师时，他感到非常的高兴，嘱咐我要把这篇文章写好。从 5 月初开始，经过一个月时间的准备，大约在 6 月初的时候，我把论文初稿发给吴老师修改。吴老师提出了许多具体的修改意见和建议，只是由于个人的学识和能力限制，终未能实现吴老师所要达到的行文效果。

之后再发给"图林五散人"中的其他四位和其他图书馆学研究生过目，大家对这篇文章的评价不一。华南师范大学的某图书馆学研究生说它有 85 分，当然这个分数，我个人觉得，是给得过高了，或许以他新人的眼光，他觉得这篇文章有这个分数。味斋主人，好像说有 80 分（我记得不是很清楚了），或许他不关注这一块，也是乱评的。图情牛犊原本对这篇文章抱有太多的期望，认为它应该成为一篇经典之作，可是在看到最终的稿件时，他给出了极低的分数，令人震惊。我个人认为，这篇文章从图书馆史研究的目的与意义、馆员的图书馆史意识、美国图书馆史研究及"图书馆史圆桌会议"、中国"图书馆史研究专业委员会"及其使命四个部分来阐述，还是比较合理的。但是资料的叙述较多，评论不足，如果换成图书馆史或图书馆学理论大家来写作，断不会是这样的行文和效果。基于这样的认识，我对此文的自评分是 70 分，表明这篇文章从构思到写作都是极不成熟的，还有很多可以完善的地方。虽然行文之中还有许多亟待改进的地方，但是不管怎么样，总算是写出来了，有总比没有的好。完美主义值得提倡，但是太讲求完美主义，却无疑会导致畏首畏尾。

文中有一部分内容提到了 1979—2011 年我国图书馆史研究载文前 10 名期刊，并在中科院国家科学图书馆庞弘燊博士的协助之下，做了一个统计表。在这个表之中可以清楚地看到，经过长期不懈的努力，注重图书馆学基础理论和图书馆史研究的《图书馆》在图书馆史研究领域已经独领风骚，可喜可贺！在文章未刊登出来之前，为了保护这篇文章的相关知识点，在这里仅列出表格的一半数据，也就是前 5 名期刊的名称及其图书馆史论文载文量,供图书馆学界和图书馆期刊界参考。图书馆史是一个冷门的研究领域,它需要研究者数十年如一日的辛苦耕耘和不懈努力。希望日后能有越来越多的期刊和越来越多的学人关注这方面的研究,共同促进图书馆学的繁荣和进步。

1979—2011 年我国图书馆史研究载文前 5 名期刊

载文排名	期刊名	载文量
1	图书馆	56
2	图书情报工作	49
3	图书馆建设	38
4	图书馆杂志	37
5	中国图书馆学报	35

(2011 年 7 月 19 日)

心随我愿——评《国家图书馆学刊》

用"黑马"这个词来形容《国家图书馆学刊》近两年的发展，我想是最贴切不过的了。从名不见经传的期刊，到一跃而成为 CSSCI 2010—2011 版的第 7 名，它的发展速度简直让人目瞪口呆。我们不清楚在这个过程当中，这个期刊究竟发生了怎样的蜕变，但是可以肯定的是，它从量变到质变的飞跃，是编辑部全体成员不懈追求的结果，而作为副主编的一蓑烟雨老师，自然在这个过程中发挥了重要的作用。

一蓑烟雨老师是 e 线论坛的常客，是一位非常有想法有见地的人。据说烟雨老师是一位很铁面无私甚至不讲人情的人，特别是对那些想走后门发文章的人，她就像秋风扫落叶一样毫不留情。我想这样一位一心一意为了期刊荣誉的人，一定会遭很多人的忌恨。只是如果对一个人的忌恨，能换来一个期刊甚至一个学科的发展，那是何等有价值、有意义的事情。我曾经说过，做中国最好的图书馆学期刊的主编，是我的光荣与梦想。而能成为像烟雨老师一样有责任、有魄力、有远见的编辑，则是我梦想所要达到的方向。

跟《国家图书馆学刊》合作，是我长久以来的夙愿。大约在 9 月份的时候，我向烟雨老师提出国图刊增加"博士生论坛"栏目的建议，当即得到了烟雨老师的赞赏和肯定。烟雨老师邀请我组织第一期博士生论坛，并为相关的稿件进行初审。我很乐意做这样的事情，因为我想有一天，我也会走上编辑的道路。虽然我现在还无法体会烟雨老师做编辑的苦楚，或许审阅一篇很烂的文章要死掉好我几十万个脑细胞，甚至自己宁愿去操场跑 3000 米，但是既然选择了这个理想，就要无怨无悔地坚持下去，能为《国家图书馆学刊》组稿，也算是自己的初试牛刀吧。

我首先想到的是北京大学，瓦格纳（王建冬）是一个不错的选择，也是一位非常出色的博士生，只可惜他正疲于应付博士论文的选题而无暇他顾。瓦格纳推荐了两位他的师妹，只是令人遗憾的是，她们所提交的文章，是应付课程作业时完成的，与在《国家图书馆学刊》上发表还有一段差距，当然被我毫不留情地给拒了。重新把目光转向中科院文献情报中心和老牌的武汉大学，联系两位正在读博士的硕士师弟庞弘燊和张新兴，得到了肯定的答案，真可谓柳暗花明新选择。

弘燊师弟是一位才子，来自黄飞鸿的故乡佛山，本科读计算机专业，因此计算机技术了得；硕士在华南师范大学研究数字图书馆，硕士期间就写了一篇文章被《国家图书馆学刊》录用，只是刊发的时候单位名称换成了读博的中国科学院。也正是因为基础扎实、技术过硬，他才如愿地考上了中科院的博士。本次博士生论坛组稿，他的选题是《1979—2010 年我国图书馆史研究的定量分析》—— 一个搞图书馆技术的博士生，如果没有扎实的图书馆学理论基础，是很难把握这么大且具有挑战性的主题的。弘燊师弟的这篇文章，充分应用了计量学的理论和方法，加上他本人开发的二模可视化软件，真可谓妙笔生辉。初审的通过没有任何异议，我还把它给华北的一位中国图书馆学"大咖"过目，读罢文章后这位都连连感叹：（庞博士）如此高手，不成名都很难！

张新兴也是我的硕士师弟，在武汉大学读博，是一位非常温和的后生。因为组稿的机会，他拉了张厚生的硕士关门弟子、武汉大学的博士同学苏小波做合作者。武汉大学信息管理学院从来就不缺乏名人，从图书馆史到文献学再到计量学，而邱均平的中国大学排行榜则是其中的杰作。秉承武汉大学学术的优良传统，这两位博士生亦是花了一番大功夫，写就了《2001—2009 年国外开放存取研究内容的计量分析》，把国外开放存取的最新研究进展梳理了一通。我是不懂计量学的，初审时看得我云里雾里，只是提出了在结构和文字方面的小问题。为了更加客观地评价这篇文章，我把它发给庞弘燊师弟再审，他给出了良好的意见和建议，使得这篇文章臻于完善。

至于我的文章，我选的主题的是《从明尼阿波利斯到华盛顿：赫伯特·普特南与美国图书馆事业》。普特南是美国图书馆史上的风云人物，我一直想写普特南的图书馆学思想，只是相对于其他人物而言，普特南更像是一个实干的图书馆事业家。一蓑烟雨老师在我行文的过程中给了我很多很好的意见和建议，让我注重普特南各个时期图书馆学思想的传承关系。只是由于自己的能力所限，不能实现她的这一理想。即便如此，这篇文章对于国人了解普特南一生的贡献仍然具有重要的参考价值，这也是我和烟雨老师一致的观点。需要特别感谢的是，在此论文写作的过程中，得到了云南大学图情牛犊的中肯的意见，尤其是中山大学 XP 的到位的建议，在此对他们的帮助一并表示由衷的感谢。

《国家图书馆学刊》2011 年第 1 期"博士生论坛"正呼之欲出，敬请关注。

（2010 年 11 月 23 日）

附录一 国内图书馆学、情报学期刊点评

[按] 昨天（2007年9月30日）对核心期刊部分的排名重新做了小小的改动。今天（国庆节）用GOOGLE和百度搜了一下，看到很多图情人士对此进行了热评，包括竹帛斋主、图林老姜、图情散记主人Doctor LEE 等。但是也有个别博客和论坛刊载此文不注明出处的，实在是不妥。此文创建的最早的时间是2007年8月11日，发布在e线论坛，在我放暑假的时候，之后做过多次的修改，主要是文字方面。由于leisun版主的误操作，较早前的数条回帖已无法查看，甚是遗憾。

一、核心期刊

1.《图书情报工作》

评价：★★★★★

源自著名的中国科学院文献情报中心，享有高度的美誉度和知名度；文章质量好，被引用率最高，学术地位高；题材独特，立意新颖，

---

❶ 编者注：本文为作者于2007年针对当时期刊状况所写，仅代表其当时个人观点。现作为附录一附上，本文为删改版。

独具慧眼；网站建设完善，有独立的域名和网址，设计朴实、凝重，学术氛围浓厚，投稿系统规范、稳定、易用；电子版或网络版文献获取的便捷程度高。

预测：之所以把《图书情报工作》放在首位，不仅因为它具有广泛的影响力，还因为它高度的进取心和无限的责任感。从它对论文修改的态度和学术的认真程度就可见一斑。毫无疑问，它是中国最有前途的图书馆学、情报学杂志。老大非它莫属，这只是时间的问题。

2.《中国图书馆学报》

评价：★★★★☆

自封"中国图书馆学第一刊"，该刊重理论研究，轻实证研究；取材狭窄，立意陈旧，缺乏创新；网站建设极不完善，栏目稀少，不接受电子投稿，也没有网络投稿系统，极不方便，而且审稿周期要将近两个月，让人等得头晕；版权保护意识过于强烈，在期刊网中需要通过邮件推送才能获取全文，这是狭隘的惧怕别人超越的心理在作怪。

预测：可以说，这是一个老古董的杂志。如果你的文章被录用，恭喜你，你从此正式步入了老古董的行列。学术研究的死气沉沉和缺乏创新是其致命伤，而自恃清高和不思进取则注定了其必将走向穷途末路。

3.《大学图书馆学报》

评价：★★★★☆

依托著名的北京大学，享有较高的社会声誉；学术地位较高，影响因子名列前茅；论文选择的标准怪异，令人难以捉摸；网站建设花里胡哨，严重影响了其学术的严肃性，唯一值得表扬的是开设有读者沙龙和其他网络论坛及博客的链接；投稿方式从打印稿到电子稿到网络投稿，变成现在的网络投稿系统瘫痪、拒绝接收电子稿而只收打印稿，创开历史的倒车的先河。

预测：出身名门北大，要衰落是一件很难的事。但是没有个性，选材怪异，要想成为业界老大很难，不要想那么多，还是安于现状吧。

4. 《情报学报》

评价：★★★★☆

在情报学领域享有崇高的威望；文章具有较高的深度，但是太讲求形式主义，一味钻数学和计算机的迷堆和牛角尖，几乎成了情报数学或者说情报计算机学了。其他的不多说。

预测：《情报学报》关注国内外情报学学科前沿，重视新兴技术特别是计算机技术在情报学中的应用，重视实验研究、调查研究和定量分析与研究，将在未来继续领引国内情报学研究的风骚。

5. 《图书馆杂志》

评价：★★★★☆

国内颇有名气的图书馆学专业刊物，在学术界具有良好的口碑；文章质量高，稿件采用率低，大约在5%左右。缺点是没有核心作者，不能培育自己的核心作者群；网站建设较好，不接受电子投稿，但同时接受打印稿和网络投稿，坚持不收版面费，实属难能可贵，而且还给稿费，实在让人敬佩，它也是国内迄今为止审稿最快的期刊之一，只需要一周左右的时间即可回复，只是投稿系统功能欠佳，而且系统极不稳定，需要进一步改善；在版式方面，开本太小，不符合国际潮流，需要增加开本，增加发文的数量，而不是陷入要不要改为半月刊的无休止争论。

预测：《图书馆杂志》在国内享有广泛的赞誉，这是与其一切为作者和读者着想的办刊宗旨和理念分不开的；常务副主编王宗义先生的工作作风和敬业精神让人钦佩，《图书馆杂志》必将在未来中国图书馆学学术期刊中继续占据重要的地位，发挥重要的作用。

6. 《情报资料工作》

评价：★★★☆☆

由中国人民大学主办的一个情报学核心刊物，在业界享有很高的声誉，它的论文被人大《复印报刊资料》收录的概率很大，毕竟是一家人嘛，优先照顾，可以理解；没有网络投稿系统，既接收电子稿，又接收打印稿，但是论文的审稿速度较慢，要两个月左右，版面费较高，这是美中不足之处，不过有稿费返还，对作者来说是一种安慰，也是一种鼓励。

预测：有人文研究实力雄厚的人大作后盾，以及在国内报刊资料评价中极具权威性的《复印报刊资料》的鼎力支持，相信《情报资料工作》将一直保持强劲发展的势头，在业界发挥举足轻重的作用。

7.《情报理论与实践》

评价：★★★☆☆

这又是北京人的一个骄傲，也是我国军工企业的一面旗帜。该期刊是一种地地道道的情报学大众刊物。它的封面色彩明快，内容推陈出新，在学界具有不错的影响和口碑。虽然它的版面费很高，但稿酬也很高，舍得舍得，有舍才有得嘛。值得！

预测：仅仅从封面来看，这就是一本让人赏心悦目的刊物，再加上鲜明的办刊物色，上乘的内容质量，没有人会相信这个刊物有一天会被扫地出门，变成普通刊物。

8.《图书馆理论与实践》

评价：★★★☆☆

该刊的被接纳程度很高，但是也有许多缺陷，审稿速度慢，发表周期长，再加上地理位置和地区发展的原因，质量顶好的大作不是很多。

预测：真的很难说，这个世界什么都有可能发生。论行业影响、文章质量和学术地位，这个杂志并不比许多核心期刊差，可是要有钱而且舍得花钱才行。

9.《现代图书情报技术》

评价：★★★☆☆

原名《计算机与图书馆》，从它的名字便可知道它致力于现代技术尤其是计算机技术在图书馆学和情报学中的研究、应用和交流，坚持理论与实践结合，普及与提高并重的办刊宗旨和原则，在业界拥有清晰的定位，享有广泛的赞誉；期刊网站的风格、特点和功能与《图书情报工作》基本一致（属于同一家公司提供），仅接受网络系统投稿，审稿认真，回复较快，是一种值得信赖的负责任的期刊。

预测：从 2006 年底开始，《现代图书情报技术》编辑部增加了一员大将，那就是 Doctor Lee，对来稿进行严格的初审把关。此君专业扎实、学习勤奋、工作认真，是一位非常努力的人。俗话说，努力就有希望。《现代图书情报技术》正是因为拥有这样一群既努力又有实力的编辑群体，使它的未来充满了希望，值得我们期待。

10. 《情报科学》

评价：★★★☆☆

这个刊物的名字取得相当的好，可以说有不战而屈人之兵之势；具有一定的学术地位，文章的质量也算可以，最值得称道的是其印刷字体，大且美观，让人有一种心旷神怡的感觉，对于近视眼的读者来说，这个杂志是再好不过地选择了。

预测：怎么说呢，反正一句话，这个杂志想保住核心期刊的位置，是不成问题的。想有大的突破，就要下真功夫了。

11. 《图书馆建设》

评价：★★★☆☆

该刊在业界具有一定的学术地位和影响力。这个杂志社的编辑的工作态度值得表扬，无论多么忙，总会给作者发送稿件是否录用的信函；《图书馆建设》接收电子稿，回复速度亦较快，一般在 30 天左右用电子邮件回复，只是版面费太贵了点。

预测：要想提高刊物的竞争力和生存能力，必须大力提高刊物的质量，版面费的提高不仅损害了杂志的声誉，也损害了作者的利益。只要《图书馆建设》能够处处为广大作者着想，相信保住核心期刊的称号并不是一件困难的事。

12.《图书馆》

评价：★★★☆☆

名字简洁明了，就像湖南人的作风一样。它的封面人物是它的金字招牌，不仅为刊物增色不少，也提高了自己的知名度。当然，它的缺点也不少，如只接收打印稿，审稿速度慢，内容没有什么特色，基本上是跟着前几名的核心期刊的尾巴走，人云亦云，这样的路何时是了。

预测：《图书馆》最应该发扬湖南人敢闯敢干的精神，立志刊物内容和质量的变革，真正把刊物办成国内知名的图书馆学专业刊物。

13.《情报杂志》

评价：★★☆☆☆

这个期刊的质量还算可以，毕竟还是核心期刊，只是要大大批判的是，它的字体实在是太小太小了，可以说是国内图书馆学情报学期刊中字体最小的一个。要省版面挣版面费也不是这样的吧，实在应该向《情报科学》好好学习。

预测：无论是过去还是现在，这个杂志都没有什么过人之处。要想出类拔萃，先从版式上下功夫吧，不要让这个世界上又多了一双近视眼。

14.《图书馆论坛》

评价：★★☆☆☆

客观地说，这个杂志的被引用率和影响因子还是能排在前几名的。这个杂志的稿源大多来自会员单位，也就是我们所知的赞助单位，文章质量可想而知。

预测：相信 2008 年甚至 2012 年中文核心期刊要目总览里面还能见到这个期刊的名字。只是希望它能民主一些，开明一些。

15.《图书馆工作与研究》

评价：★★☆☆☆

这是由天津图书馆主办的图书馆学期刊，这个刊物没有什么值得称道的地方，缺点是安于现状，不思进取，死守陈规、墨守教条；论文质量不高，刊物没有特色；没有投稿系统，也不接收电子稿，只接收打印稿，审稿周期特长，要三个月左右，菜都凉了，何况是心。

预测：华北地区的图书馆学核心刊物太多了，多它一个不多，少它一个不少。

16.《图书情报知识》

评价：★★☆☆☆

把它放在倒数第二位，和其自身的许多缺陷有关。与其说这是国内一种图书馆学、情报学两栖核心期刊，倒不如说她是武汉大学信息管理学院的内部刊物，这是业界的共识。希望其未来能做到海纳百川，有容乃大。

预测：武汉大学图书馆学、情报学的学术地位和影响还是深深植根于国人的头脑的。我们有理由相信，文华图专的光环将继续萦绕在武汉和整个中国的上空，《图书情报知识》还是图书馆学人心中的偶像。

二、普通期刊（部分）

1.《图书与情报》

评价：这是当代中国图书馆学、情报学的悲情杂志。虽然它落寞至极，可是它在学人心目中的地位和形象并没有改变，在国内还是有一大堆的人在关心它，爱护它。穷则思变，《图书与情报》不仅应该在投稿方式、审稿周期、稿件选择、质量控制等方面要有大的改变，更应该大力公关和献媚，要知道，这个世界很多时候的金子，都被深埋地下，暗无天日，根本没有发光的机会。

预测：据参加过去年年底中国图书馆学峰会的一位界内人士透露，2008年中文核心期刊要目总览要重新把《图书与情报》提上来。

2.《新世纪图书馆》

评价：原名《江苏图书馆学报》，是国内知名的图书馆学刊物。虽然它不是核心刊物，可是它的质量是上乘的，这是业界的共识，是有目共睹的。在改为《新世纪图书馆》的过渡期，它沉寂了好一阵子。现在的它，给人耳目一新的感觉，刊物色彩简洁明快，版面设计科学合理，在每期的目录页里都增加有英文题名和著者项，而且接收电子稿，审稿周期短，只收取少量版面费但给稿费。最重要的是，编辑部的老师尤其是彭老师工作认真、负责，很多时候亲自和论文作者电话或电邮联系，商讨稿件事宜。

预测：这是深受业界喜爱的几种普通刊物之一，她应该有更好的发展平台。

3. 《四川图书馆学报》

评价：在我们的记忆中，这个期刊的影响在一点一点地下降，从她的发文质量和主要作者群的层次或者说来源便可见一斑。可是实话实说，她还是比一般的普通刊物要好得多，还是有很多有实力的人会向她抛绣球的。无论从色彩、版式、内容、范围、质量等各个方面衡量，它都是中国图书馆学界一个中规中矩的刊物。它接收电子稿，审稿周期也较短，一般在一个月左右，用电子邮件回复，收取少量版面费。

预测：平心而论，中国图书馆学、情报学期刊目前的地区分布是极不均匀、极不合理的。西南地区幅员辽阔，图书馆学、情报学从业人员人口众多，再加上成都、重庆地区的科研实力也并不弱，配合国家西部大开发的战略，极有必要在这个地区设立一种图书馆学、情报学核心期刊，《四川图书馆学报》当之无愧。这是值得业界人士好好思考的问题。

4. 《国家图书馆学刊》

评价：原名《北京图书馆馆刊》，这个杂志的文章质量还算可以，有很多是实际工作中的经验交流，不过看来看去更像是国家图书馆的内部交流刊物。这个杂志没有投稿系统，不接收电子稿，只接收打印稿，审稿周期也较长，可以说是一个比较传统的杂志。

预测：它的实力雄厚，资源如此丰富、资金如此充足、人才如此兴旺、技术如此领先，再加上有个国家级出版社，对外交流与合作也非常便利。

5.《图书馆学研究》

评价：这是中国图书馆学、情报学曾经的核心期刊。名字取得相当好，可是与其地位甚不相符，她的境况已今非昔比。直至今天，这个期刊已经沦落成为职业技术学院和不知名的大学的图书馆学者与馆员理论及经验交流的园地。俗话说，瘦死的骆驼比马大。我们不希望再在论坛上看到类似"《图书馆学研究》和《情报探索》哪个好？"之类的这么幼稚的问题。如果确实不知道哪个杂志好，完全可以把两种杂志一起拿出来，慢慢地对比。这个杂志只接收电子稿，审稿速度堪称一绝，甚至可以第二天就通知用稿，效率之高让人咋舌，同时也说明它的审稿程序非常之简单，审稿制度不太健全。比较好的理论性文章不收版面费，其他的大约收200多元的版面费。

预测：虽然已经沦落为普通期刊，可是《图书馆学研究》的编辑们还是不离不弃，这种执着的精神值得我们肃然起敬。我们有理由相信，这个杂志将伴随着中国图书馆事业的发展而长期存在。可是，要想成为核心期刊，那是一件非常困难的事。加油吧，《图书馆学研究》！我们会为你默默祈祷。

6.《图书馆学刊》

评价：这个杂志和《图书馆学研究》半斤八两，只是因为是双月刊，出版的周期要长一些。不过近几年来，深受刚刚出道的在校研究生新生的青睐，因为相对来说，还是比较容易发文，而且质量不是很差，对于他们来说，在面子在过得去，也可以慢慢提高学术能力，培养学术的自信心。可以这么说，它和其他几种质量较好的图书馆学普通刊物事实上已经成为今日中国图书馆学、情报学研究生新生学术启蒙和成长的摇篮。只接收电子稿，稿件回复较快，一般在一个月之内，收取一定的版面费。

预测：在可以预见的未来，这个杂志应该不会有大的改观，《图书馆学刊》还是《图书馆学刊》，她依然执着地在图林之路平静地渡过自己平凡的人生。

7. 《高校图书馆工作》

评价：这个刊物会时不时地与国内有名气的图书馆学、情报学专家和学者约稿。

预测：未来，这个杂志不会有太大的变化。

8. 《江西图书馆学刊》

评价：这也是国内一个不起眼的普通刊物，它在业界的影响不大。它喜欢刊一些时下比较新潮的东西，不过也钟爱一些古籍整理、考据学、图书馆史学之类的文章，这与他们的编辑的个人兴趣不无关系。因为是季刊，出版周期更加慢，只接收打印稿，收取两三百的版面费。

预测：这个杂志发展前景一般，变化不大。

9. 《河南图书馆学刊》

评价：这是一种普通刊物，我们对它的印象并不深刻。不过它的期刊定位比较明显，致力于图情领域传统的和现代的且具有一定理论和思想深度的文章，尤其是那是刚刚走上学术之路的研究生的文章，使他们茁壮成长。从这一点来说，《河南图书馆学刊》确有其存在的社会意义和现实意义。它只接收打印稿，审稿周期一个多月，出版周期较长，要交一定的版面费。

预测：这个来自中原的图书馆学普通刊物，成为核心期刊的机会不大，其中的原委一言难以道尽。

10. 《山东图书馆季刊》

评价：依托人文研究实力雄厚的地域山东，古籍整理与研究是其长项。长期以来，它在中国图书馆学领域默默地耕耘，并且能够始终坚持自己的特色，实在是难能可贵。只收打印稿，收取一些版面费，而且由于是季刊，发文周期亦比较长，需要我们耐心等待。

预测：如果不出意外，半个世纪以后，它仍然是中国图书馆学的一份普通刊物。没办法，虽然刊物好、特色鲜明，可是说来说去，它也只是一份地方刊物。要改变一种现状，并不是那么容易的事。

11.《情报探索》

评价：出生福建的一个情报学普通刊物，不过也刊登图书馆学的文章。该刊从来没有怨言，从来没有自暴自弃，而是默默地坚守着自己的阵地，打理着属于自己的那一份自留地。

预测：在可以预见的将来，《情报探索》将以自己的实际行动，继续执着地走下去，维护着自己也维护着中国图书馆学人心中的那一份尊严。

……

后记：十年前在 e 线论坛上写的贴子，今天再回过头来看，觉得还是蛮有意思的，但是依然会有一种胆战心惊、心跳加快的感觉。竹帛斋主刚开始并不知道是我写的，他曾经在别人转载的该博文后面留言盛赞"点评者绝对是超一流的高手，针针见血，刀刀夺命，竹帛斋主虽然也深知一二，但是从来不敢下手也。"我当时很担心一些期刊主编的反应，而且担心自己日后发文的时候会遇到阻力，不过让我感到欣慰的是，这样的事情从来没有发生，而且对这个贴子的好评呈现一边倒的态势，甚至还有许多核心期刊主编知道作者是我之后，向我抛出了橄榄枝，免费赠送期刊给我阅读，让我提意见和建议，或者让我参加编辑座谈会，让我惊喜交集和欣慰无限。十年后的今天，若是要我重新写这样的贴子的话，我肯定写不来，一是因为大家现在都知道"广州阿华田"是谁了，广州阿华田已经没有了当年的马甲护身，若是再写这样的东西，后果肯定会很严重；二是因为自从 2015 年 11 月 16 日担任华南师范大学图书馆副馆长（华师干字〔2015〕14 号）之后，我更加觉得，有些人和有些事，是不能随意发表自己的评论的，纵使你是出于好意也不能评论。近年来，许多人（包括一些主编或副主编）想让我重新写一个新的期刊点评，因为过了那么多年了，很多期刊都发生了翻天覆地的变化，物是人非，沧海桑田，确实有必要重新来一个新的期刊点评。可惜我已经没有了当年的锐气和勇气，也没有了当年写作这个帖子时的心情，只好婉言谢绝了。

（2018 年 4 月 18 日）

附录二 "图林五散人"成员谈广州阿华田

广州阿华田，其人其文

"广州阿华田"（郑永田）老兄要出博客文集，嘱咐小弟写一点文字，说是要写"广州阿华田印象"，我琢磨着，那既然要写，就写点实在的。

不怕说句老实话，在图林博客圈中，阿华田老兄是出了名的性情中人。他说过的一些话，也许不是那么顺耳；他做过的一些事，或许不是那么圆滑；他写过的某些文字，可能还让人们心中郁郁不平；他的学术观点，我也没有完全认同。我想，他是有缺点的，恐怕还不少。但鲁迅有句话说得极好，"有缺点的战士终竟是战士，完美的苍蝇也终究不过是苍蝇。"（《战士与苍蝇》）。缺点又如何，你我毕竟凡人。

当然，阿华田不是战士，是一名图书馆员，可以说，他是一名有缺点却优秀的图书馆员。

中国人对于图书馆员是不够了解，甚至多少是有一点偏见的。

以前看杨绛的《洗澡》，女主角姚宓因为父亲去世，不得不停止学业，成为一名图书馆员。一开始当得还是比较苦闷的，乃至于她的朋友罗厚也为此愤愤不平。到现在更加别说了，很多人仍认为图书馆是一份没有前途的职业，在每年考研的 QQ 群里，在和师弟师妹交流的时候，在知识分享平台知乎上，总有那么些人对图书馆的前途表示惆怅，认为图书馆员的行业不外乎"借""还"之间，了无生趣。

其实，图书馆员可以当得很有趣，譬如"书骨精"王波，可以当得很文艺，譬如"表哥"顾晓光，也可以当得很真实很性情，譬如广州阿华田。

诚然，性情中人有许多种。有如令狐冲者，飞扬跋扈，潇洒自由，莫大说"何处青山不道场，何须策杖礼清凉"，此君是无拘无束的；有如傅雷者，即便身在病中，也会用蝇头小楷为孩子细细抄写艺术教材，心中欢喜，这种性情是温润含光的。阿华田的性情，则表现在他真挚且全心全意地关注和投入到他所从事的图书馆行业之中，且极乐于去带动身边的人，一起关注和热爱这个行业。

老实说，我不太记得初见阿华田的印象。他和他的太太向来待我很好。读硕士的时候穷得要命，他们便经常带我开荤，每次吃饭，他总能带来一位或两位其他院系的青年朋友。他们中大部分与图书馆毫无牵连，却因阿华田的关系而慢慢心系图书馆，成了"图书馆之友"，越加支持这个行业。

对于图书馆领域的后来者，尤其那些优秀的图书馆学人才，阿华田的支持更是不遗余力的。图林博客圈曾有一个活跃的身影，叫程亮，现在知道的人或许不多了，他曾在图书馆工作、现在虽已经离开这个行业，仍是我们很好的朋友。我尤记得他硕士刚毕业的时候，找工作时四处碰壁，阿华田兄是跟着焦虑、跟着奔走的。在阿华田的帮助之下，程亮的工作最终确定下来，在广东岭南职业技术学院图书馆就职，阿华田也是连带着欣喜的。据我所知，这样的情况，非仅程亮一人如此。

这里的文字，讲的是阿华田其人。可以说，他对图书馆的热爱，已然贯彻在日常的生活之中，我相信，这种热情就在他的博客文字背后，怕是不难洞察的。

期待你在他的文字中发现一个真实的、真性情的图书馆员！

肖鹏

2018 年 2 月

肖鹏，男，1987 年出生，广东汕头人，管理学博士，中山大学资讯管理学院特聘副研究员。

广州阿华田印象

2018 年 2 月 1 日下午，永田兄（广州阿华田）在"图林五散人"微信群中告知其欲将博客文章结集出版，问我们几人意见。我们都很支持，于是永田兄布置了一个作业，让我们四人每人写一篇《广州阿华田印象》，永田兄是"图林五散人"的"带头大哥"，大哥之命，小弟不敢不从。

在我印象中，我与永田兄最早相识于"e 线图情"论坛，"e 线图情"在十年前的中国图情界还是比较热火的一个网站，至于在什么样的情况下和永田兄"搭上线"的，已经不大记得了。在互加 QQ 以后（当时还没有微信之类），彼此联系多了。此后，在永田兄的介绍下，我又相继认识了刘方方兄、黄体杨兄、肖鹏兄，永田兄"快心热肠"（该四字评价出自国内图书馆学界某大佬之语），在他的"穿针引线"之下，我们五人后来建立了一个小群，经常在群内胡吹海说，倒也快活自在。当然，除了闲扯之外，也会聊聊学术，彼此看看论文，至于学术交流合作事宜，体杨兄曾在《2.0 式合作：谈圕林虚拟学术团队》（《大学图书馆学报》2014 年第 4 期）中有专文介绍，此处就不再赘言。某一天，不知是谁在 QQ 群提议（我记得好像也是永田兄，但不知是否有误）我们五人要有个"名号",就像文华图专的"快乐六君子"一样。当时我们五人每人都想了一些,最后不知是谁的"图林五散人"提案更合众意,于是一个颇具江湖气的"非正式组织"就此诞生了。不过遗憾的是,我们五人始终没有一起聚过(个别的"双边会晤"倒有一些),直到2011年的夏天,这又是后话,本文主要是要讲一讲对永田兄的印象。

我和永田兄的第一次见面是在2011年4月12日,那日永田兄带着母亲及夫人(我们现在已习惯称呼为"清姐")至江浙游览,2011年4月12抵达苏州。在苏州期间,我陪同他们游览了网师园、苏大本部、虎丘、寒山寺、苏州古旧书店等,其中印象最深的是在苏州古旧书店淘书,那一次永田兄收获颇丰。永田兄在苏州三日,2011年4月14日离苏,这是我们的第一次会面。第二次会面是2011年7月10日至19日在广州,这也是我们"图林五散人"第一次见面,在广州期间我与方兄、体杨兄都借宿于永田兄家中,这次的"广州相会"又一次充分感受到了永田兄的"快心热肠",在广州期间,除了永田兄的"快心热肠"之外,有一件小事我印象非常深刻。7月18日早上,永田兄导引体杨兄和我至其工作的华南师大图书馆参观。田兄当时是该馆读者服务部主任(如今已升任副馆长,不过沾了郑姓之光,虽是副馆长,但仍是"郑(正)"馆),他一走进图书馆,见大厅中海报架摆放不够齐整,地上也有一些纸屑,于是他立即走上前去摆正海报架,将地上的纸屑也一一捡起。朝里走去,当他看到还书处的书堆得比较高时,又立即将书抱到书车上。带我们在各阅览室参观时,如果看到书架上的书不整齐,他也会慢慢整理。除此之外,我还发现他和很多读者都认识,不时地会有读者和他打招呼,有时还会相互寒暄几句。这些都给我留下了深刻的印象,而从这些细节也可看出阿华田对图书馆事业的热爱!广州之行后我和永田兄也偶尔有过一些会面。

我与永田兄现实接触并不多,更多的是通过网络及阅读他的论著来了解他。从这几年的接触及阅读来看,广州阿华田留给我最深的印象就是此君是一位性情中人，他"敢爱敢恨"，遇到自己认为不好的人或事，也会说上几句，这也成为他文章特别是博客文章的一大风格，不过说者无心，看者有意，这些小文很多也让他尝到了一些苦头。当然，我的意思并非永田兄的观点都是正确的，他的许多观点或者文章我是绝对不赞成的。我记得有一段时间永田兄爱上了写书评，有一次我看到了他发表的一篇书评，当时读完之后，发现这篇文章中的情感因素太强烈了，评论有失公允，我当时也一度想写一篇文章和"带头大哥"商榷一下，不过因为种种原因，这篇文章始终没有写成。虽然说，我觉得永田兄是性情中人，敢爱敢恨，但是有时候却发现他遇到某些事时又表现得十分怯懦，与他赤膊上阵进行学术批评时呈现出完全两种形象，真是一个矛盾的阿华田。

我发现拉拉杂杂写得太多了，权且率性一次吧，最后还是要恭喜阿华田大哥的博客文章顺利出版，用他自己的话说"数十年后，这样的文章更有意义，是学术著作不能替代的"，这一点我绝对赞同，这种带有笔记性质的文体，相较于文史学科，图书馆学还是非常缺乏的。谢泳教授曾说过"文学史不如掌故书，掌故书生命力比文学史长"，我想阿华田兄这本博客文集的生命力肯定也会很长！

谢欢

（2018 年 2 月 18 日初稿于荆邑味斋，

2018 年 3 月 1 日修改于南大仙林喧庐）

谢欢，男，1988 年出生，江苏宜兴人，管理学博士，南京大学信息管理学院助理研究员。

我眼中的广州阿华田

国内图书馆圈子里玩博客最火热的那几年，我刚好在念大学和硕士，仅凭着对图书馆学和图书馆事业的一知半解，披着"图情牛犊"的马甲在圈子里狂言謷说，真是不知天高地厚。幸好圈内师长宽宏大量，不仅没有取笑我，还愿意与我这个小辈交朋友，给我诸多指导，广州阿华田就是其中一位这样的师长，也是日后交往最为紧密的"网友"。

那时候，阿华田在学术上还没有多少建树，但在博客圈里已经是大名鼎鼎了，2009 年 3 月，他给我发邮件，主动脱下马甲与我交朋友，这令我既惊又喜，自此，我结识了这位特立独行的图书馆学者。

后来，他又引荐我认识了当时正在中山大学念书的此方月（肖鹏）、在苏州大学念书的味斋（谢欢）和在重庆少儿图书馆上班的 Follaw（刘方方）几位同好，我们五人后来组成了"图林五散人"这样一个非常有意思的学术团体，他也自然而然地成了这个团体的"带头大哥"。

阿华田给我最初的印象来自他犀利的文字，先是在 e 线论坛（他连续多年被评为 e 线的"论坛之星"）拜读过他的多篇帖子，其中印象最深的当数《国内图书馆学、情报学期刊点评》一文，据说这篇坦率、直白和不留情面的文章，成为当年图书馆学、情报学期刊年度会议上讨论的重要话题，它也是我了解图情专业期刊的最基础也是最重要的入门教材。

转战新浪博客以后，阿华田也写过好多真诚但不一定中听的文字，如《给〈四川图书馆学报〉的逆耳忠言》《如果没有程焕文》《Sinolib 与 Keven 的世纪对话》《2009 感动中国图书馆界年度人物》《E 线——中国图书馆学愤青的集散地》《普尔的重大发现》《中国图书馆界的 H1N1》《评〈中华人民共和国公共图书馆法（征求意见稿）〉》等。这些文章或许不够严谨，也只是一家之言，甚至非常感性，但他说的是很多人不敢说、不愿意说的话，揭露了"中国图书馆学研究和图书馆事业所存在的种种弊端"（阿华田语）。

从这些犀利的文字中，我能读出阿华田浓厚的图书馆学理想和情怀，我猜测，他可能是想以这些"令人生厌"的文字，试图去捍卫他心中的图书馆"天堂"。不管怎样，他是我心目中一直的中国图书馆学"愤青"。

我和阿华田通过邮件结交以后，我们一直保持着紧密的联系。那时候，他正在中山大学师从程焕文教授攻读图书馆学博士学位，刚刚开始"美国公共图书馆思想"的专门研究。他没有嫌弃我学识浅薄，时常与我交流治学的困惑与心得，还非常放心地把成型的论文稿件第一时间与我分享，给了我极好的学习机会，同时也让我有机会近距离认识他读书和治学的门径。

阿华田很有野心、也很大胆。他的英文不算很好，也没有到美国游学的经历，却有勇气去做《美国公共图书馆思想研究（1731—1951）》这样填补国内图书馆史研究领域空白的选题。阿华田很执着、也很严谨，他充分发挥图书馆学的专业优势，并动员一切人际关系，解决了外文文献获取这一难关；以非常笨拙的研究路子，一条条地梳理历史文献，一篇篇地做笔记，克服了语言障碍。胆大的阿华田做起研究来非常谨慎，他从单一的历史事件、有代表性的历史人物等点出发进行研究，进而由点及面梳理整个历史进程，完成了博士论文的写作，并于 2015 年 9 月由社会科学文献出版社出版，在学术界产生了不小的反响，已有数篇书评见诸报端。

阿华田的博士论文杀青以后，他先是跟我讨论要不要在"致谢"中谈谈读博的经验与得失，后来又告诉我想写一篇博文。在"致谢"中分享经验与体会我觉得不太合适，但写博文我是非常赞成的。遗憾的是，我至今没有看到他读博的经验之谈，只看到了一篇《外文资料检索的途径与方法》和几次相关的讲座。

这些年，阿华田特别愿意在博客、讲座中开列推荐书目（按照他自己的说法："广州阿华田好为人师"），2017 年 12 月 13 日他到昆明出差，我向云南大学档案与信息管理系推荐他为师生作了《公共图书馆发展史——英美视角》的学术讲座，他用较长的时间推荐国内外图书馆学必读书目。

我知道，无论是谈经验还是列书目，他都不是为了炫耀，更不是想凸显自己的博学和睿智，他只是太希望把自己的经验和教训告知年轻人，希望后来者少花时间、少走弯路。想到这里，我觉得他的学生一定是幸福的（2017 年 4 月，阿华田获得硕士生导师资格），导师阿华田一定能对学生倾囊相授。

生活中的阿华田是个"快心热肠"之人（程焕文教授语），对朋友真诚，对像我这样的后学也是爱护有加。清楚记得，2014 年年初，阿华田和他的爱人清姐，不辞辛苦，从广州跑到边远的云南腾冲参加我的婚礼，让我感动不已。云南的菜系偏辣，而他们俩都是广东人，喜清淡食品，想必他们夫妇俩在腾冲的那几天经常是吃不好的，每每想到这又会让我感到些许内疚。阿华田还是一个很大方的人，在知道我要准备买房的时候，他主动跟我说，如果我有需要可以适当资助；我儿子出生以后，为了保证奶粉的质量，他们又专程跑到香港给我小孩买奶粉、寄玩具，让我们一家人感到很欣慰。阿华田还是一个真诚之人，他说话很直白，你不需要去揣测他的内心，从他的表情你就可以知道他的喜怒哀乐，我们虽然有年龄差距，但与他交往也没有什么压力。

我还在云南大学读硕士的时候，他就来昆明看望过我，那时虽然我们是第一次见面，但却相见如故，就像是相识很久的老朋友。此后，他还去过我在昆明的新居，只是每次行程都安排得很紧，来去匆匆，没有太多的时间坐下来好好交流。

黄体杨

2018 年 3 月 8 日于昆明

黄体杨，男，1985 年出生，云南腾冲人，云南大学历史与档案学院档案与信息管理系讲师。

我所知道的广州阿华田

有一部分人喜欢从他人那里了解另外一个人。郑永田（图林雅号广州阿华田）是我们"图林五散人"的带头大哥，也有不少人问过我广州阿华田是个怎样的人，一时真还不好回答。我也曾在想广州阿华田到底是个什么样的人？！借他出版个人图书馆学随笔集之机，我来讲一讲我所知道的广州阿华田。

诗人高君逸曾说过"文从胡诌起，诗从打屁来"，比起胡说八道，我写论文最初的目的有两个：一个为了单位公开发表一篇论文的两百块人民币的奖励，另一个是为了证明自己。慢慢发现自己可以写，还能发现别人研究中存在的问题，进而产生了兴趣。也就是最初开始思考图书馆工作的时候，曾四处寻找可以交流的同道和圈子，最后找到了 e 线论坛。那大概是在 2008 年前后，我关注图书馆员的职业倦怠问题，一心想做一个全国范围的问卷调查，利用中国图书馆学会年会（重庆）通讯录，各个图书馆圈子的 QQ 群，百度贴吧等发放网络问卷，最终完成了一篇学术论文，投《图书馆杂志》《国家图书馆学刊》等刊物都遭到退稿，而在重庆市图书馆学会、重庆高校图工委的学术年会和中国图书馆学会的征文中同时获得一等奖。一面遭受退稿的打击一面获得奖励的肯定，对于初出茅庐的我，着实摸不着门道，于是便在论坛里发牢骚，引起了一些同道关注。有一天我就收到了 Ovaltine（广州阿华田）的消息，我把论文发给他，他提了些意见然后建议我投给《图书情报工作》，没想到一投居然真的被录用了。广州阿华田当时已经在读程焕文教授的博士研究生，我通过邮件向他请教了不少问题，也请他开列一些图书馆学书目用于自己学习。随后的一年时间里，他先后把云南大学图书馆学硕士研究生"图情牛犊"黄体杨、中山大学图书馆学本科生"XP"肖鹏、苏州大学图书馆学本科生"味斋主人"谢欢先后介绍给我。他们都是 20 出头的年轻图书馆学人，有自己的思想和理想。2011年 7 月我们相聚在广州大学城华南师范大学广州阿华田寓所，成立了非正式的学术团体"图林五散人"，共同探讨图书馆工作与图书馆学研究。如今，他们都已博士毕业，从事图书馆管理或图书情报档案学的科研教学工作。

能团结一群志趣相投的人是一种本事，愿意去团结一群志趣相投的人是一种品格，而愿意并能够团结一群年轻人的人则是有一种情怀。认识广州阿华田已逾十年，这期间他在图书馆工作和研究上对我的正面影响不少也不小，通过他结识的图书馆学业两届的朋友极大地促进了自己的成长。广州阿华田就是一位具有图书馆事业情怀的人。

但凡做点研究的，在论文投稿发表上都遇到过头痛的事情，通过慢慢研究期刊才会摸到一些门道。2007 年开始在网络图林圈内流传、议论非常多，甚至引起轰动的那篇著名博文《国内图书馆学、情报学期刊点评》就出自他手。先不说其内容，光看题名，敢发出这样的声音是需要一定胆量和勇气的。内容上，看到听到几位图书馆学界和图书馆学期刊界大佬们的评论，对这篇博文是持肯定态度的。一般情况下，我们对自己所在学科的期刊能熟悉几种，了解它的刊文风格、刊文要求就已经很不错了，而正式的图书馆学、情报学的期刊接近 40 种，没有较长时间地阅读、研究、投稿，真还不能都给它们说出个一二来。

曾经很长一段时间，广州阿华田都在给我们其他四位"散人"表达"办一个图书馆学刊物"的想法，什么刊名、什么栏目、什么风格、谁来审稿……那是多么富有激情的事情！这些都基于他长期关注图书馆学期刊，以至于七八种图书馆学刊物长期免费赠送于他免费阅读，在数字技术发达的今天，这种赠送背后也表达了这些刊物主编对广州阿华田的认可。我从各种渠道也了解到一部分刊物主编肯定广州阿华田的"点评"促进了他们刊物的向前发展。

这些也看得出来广州阿华田是一个有胆识、有激情的人。

广州阿华田选择图书馆学、选择美国公共图书馆思想史作为自己的主攻研究方向。这些年来在《中国图书馆学报》《大学图书馆学报》《图书馆论坛》《国家图书馆学刊》《图书馆馆建设》《图书馆》《图书与情报》等刊物发表一系列的学术论文，其博士论文《美国公共图书馆思想研究（1731—1951）》也于2015年9月在社会科学文献出版社出版并入选"羊城学术文库"系列，成为国内该领域的一流学者。有人说他的博士论文研究仅仅是对国外文献的翻译和综合，自己的观点少了点，我不这么看。史学研究有自己的特点，尽可能地搜罗史料、梳理史料必然是第一步，我去过几次广州阿华田的书房和办公室，看过一部分他所搜集的资料（包括一部分复印的原始资料）和学习笔记，也有幸成为他诸多学术论文投稿前的第一批读者，不少史料和观点是非常值得国内公共图书馆界参考借鉴的。一位潜心用近十年的时间甚至更长的时间系统、深入研究同一主题的学者，是值得大肆赞扬和学习的。

尽管他的学术成果达到了一定数量，但是在职称评定这个现实的问题上，广州阿华田也遇到了困难。这种困难是人为原因造成的，不可避免的。俗话说得好"不遭人妒是庸才"，结识十年来，从邮件往来到电话往来再到晤面，我们谈了很多生活、工作、学习、研究上的事情，从中我真切的感受了广州阿华田的心直口快和真挚情感。这样的人事故的东西少一点，有锋芒，其才识往往就容易遭人妒忌。不过这些都阻止不了广州阿华田的优秀。

感觉好多事情可以说，除了以上这些，他还一直跟我念叨美籍华人张沙丽女士翻译的那本谢拉的《图书馆学引论》，当然还有其他一些英美经典图书馆学著作，一直想抽空翻译出来；他还有自己热爱的运动、幸福的家庭、可爱的女儿们……无不展现他对生活的热爱和图书馆事业的执着，可惜篇幅有限！

这么来做个总结吧！曾经有着当图书馆学期刊主编梦想的广州阿华田，如今已经是图书馆学权威期刊、重要期刊、核心期刊的外审专家，相信未来图书馆学期刊界能有一位主编绰号广州阿华田；一直念念不忘、批评国内少有图书馆学人愿意翻译英美经典图书馆学著作的广州阿华田，如今准备着了，相信不久就能看到他的译著了；曾经是华南师范大学图书馆业务部主任的广州阿华田，把读者服务、"华师图书馆墨友会""华师图书漂流角""砚湖读书会"等活动干出了特点，而今他已经是图书馆副馆长了。他对图书馆事业念念不忘，满怀激情，我们可以期待他的回响！

刘方方

2018 年 2 月

刘方方，男，1981 年出生，湖南茶陵人，重庆三峡医药高等专科学校图书馆副研究馆员。

附录三　读《图林五散人》有感

　　早上起床翻看朋友圈，偶然看到师兄转发的一篇文章《图林五散人》，颇有感触。

　　图林五散人当中，有一位是我的师兄，他和其他四人都是亦师亦友的关系。得益于师兄，学生时代喜欢走南闯北的我打着他的旗号有缘认识并见过其中的四位。

　　先来说说图情牛牍，他是我在云南大学的师兄，也是我们所有同学的"第二导师"，因为平时我们有什么学术的问题都爱向他请教，毕业论文也会让他指导，可见他的人缘之好与学术水平之高。毕业后图情牛牍到云南农大图书馆就业。随着我的毕业离开云南，我们的联系也随之减少。听说他后来考取了云南大学的博士，并且娶得美人归，有了儿子，真的是事业家庭完美矣！

　　再来说说我见过的其他三位。

　　广州阿华田，听到这个名字你会想起什么呢？是饮料吗？可不是。他是"图林五散人"中的老大哥，说他是老大哥，并不是因为他老，他比我们大不了几岁，因为他的资历最老，学术水平也是公认的非常厉害的。至于他为什么叫"广州阿华田"，我并不清楚。我初次见阿华田是在 2010 年暑假，当时我去广州中山大学参加一次学术活动，借机会拜访了阿华田兄。与阿华田兄闲聊半天，然后他带我参观了华南师范大学图书馆。这次拜访阿华田兄给我留下的印象是博学，无奈小女子我的水平实在是太低，谈论学术方面的东西总是插不上话。阿华田 2008 年考取中山大学图书馆学博士，专攻英美图书馆学术史。2013 年博士毕业，目前已成为中国图书馆界该领域一颗耀眼的新星。

XP，笔名此方月，听名字是不是很有诗意呢？没错，XP 本人就是一个不折不扣的大才子，古文字功底了得。我曾见他送给师兄的书中写的赠言，通篇古文，翻阅了好多资料才一知半解，可见他的文言文水平之高。也是在 2010 年夏天的广州之行，在中大新校区见到了 XP，正午时分，冒着将近 40 度的高温，他带我参观了中大的新校区。XP 留给我的印象是多才、博学、智慧，有着与他年龄不相符的魅力。用阿华田的话说，就是"美貌与智慧"并存，深得女生喜欢。XP 兄现在不知道在哪里高就，只是听说又去读博了。我们见面到现在已有六年，算算也应该博士毕业了吧。

味斋主人，也即"小斋主"，是"图林五散人"中年龄最小的一位。虽然年龄小，但成就可不小。早在苏州大学读本科的时候，味斋主人的学术水平就超越很多硕士生。后被保送南大的研究生。2011 年，在南京，我有幸见到了小斋主，一位阳光少年。味斋主人当时正在写书，时间非常宝贵，但还是抽出时间陪我参观了南大古老的校园。2013 年，由他整理的《钱亚新别集》出版。味斋主人前途不可限量。

最后一位 Follaw，很遗憾，我没有见过，据说他的书法和篆刻水平很高。在这里我也不多做评论，但有一点不用怀疑，那就是他的学术水平也一定是顶呱呱的。

好了，说了这么多，心中还是有几分感慨的，几位未来的图书馆学大家在各自的领域潜心研究、笔耕不辍，固然是一件可喜可贺的事情。我虽不能与之相比，但想起自己，毕业后即放弃了自己的专业，进入企业（上海航天电子有限公司），每天谈论世俗的事情，很少写字读书，终日浑浑噩噩，不思进取，让时间白流，让知识停滞，真是悔恨不已。

在图书馆学界小有成就的"图林五散人"未来一定能够谱写中国图书馆学史上光辉灿烂的篇章！

祝福他们！

祁春艳

2016 年 5 月 25 日于上海

（本文最初于 2016 年 5 月 25 日发表于祁春艳的 QQ 空间，后经其本人录音并发布于荔枝 FM 播客）

附录四 寻"图林五散人"记

在关注"Follaw 骑着白云看浪花"微博的时候，意外发现其个人标签竟然是"图林五散人"，小子的好奇心再次油然而生。对初见"图林五散人"这个称呼的时间与所在文献的记忆已经模糊，自己当时只是感觉这个称呼无比亲切，并充满了对这"五位大师级人物"的无限好奇与仰慕。但当时受限于专业基础知识与搜索技术的条件与能力，对"图林五散人"的认知，只是停留在朦胧的好奇与模糊的仰慕状态。进入图林博客圈后，对专业知识已知道皮毛，对图林圈的各位大家、教授也有些了解与认识，于是决定探寻"图林五散人"的庐山真面目，让自己的好奇与仰慕略微释放一下。

初步探寻，是从几位自己知道的教授、馆长开始的。当时，小子的认识范围和认识领域极其有限，知道与关注的只有几位图书馆学基础理论成就斐然的教授以及偶尔听说的几位馆长，如程焕文教授（因为有关于我国图书馆产生与发展的讨论，看了程教授的《晚清图书馆学术思想史》，并在讨论中第一次体验了有依据的各持所见、"两家争鸣"的交流）、王子舟教授、刘兹恒教授（图书馆意识以及图书馆学本土化让我们初学者对图书馆事业的问题开始有了模糊认识）等，但毫无结果，使我对"图林五散人"更加感到神秘了。

偶然见一位博友在探寻"图林老姜"是否是虚拟人物，在快要功成的前一刻，被"图林老姜"给委婉劝住，小子也有所感想。这只是图书馆学之路上一位晚辈的好奇心，绝不能因此而去扒这五位高人的隐私，于是刚入图林博客圈的小子就暂时停止了探寻活动。

不过偶然在百度搜索"图林五散人"，竟然有直接的资料，悔的小子真想找地缝钻进去。通过"广州阿华田"（原来小子早就加了微博关注，但却没到其博客寻过宝啊）直接打开了探寻"图林五散人"的大门。通过几篇文章与一些博客留言终于猜到了大概，并在一位博友的帮助下最终喜得"图林五散人"的庐山真面目。

在获得结果的那一刻，小子既欢喜又震惊，不过还有些许反思。

欢喜是必须的："图林五散人"对自己不再是神秘的存在，通过工作学习单位以及真实姓名为自己了解与认识其图林事迹以及认知成果打开方便之门，只要能在图书馆，这些都将不再是传说。

震惊是必须的：

（1）"图林五散人"并不都是大师级的教授，其中还包括学生，甚至是本科生，他们的才华、他们对图书馆事业的执着与热爱、他们在这份事业上耕耘出来的成果，让图书馆学之路的后来者叹为观止；

（2）"味斋主人"在小子开设博客后不久，就到过自己的博客并为自己指正博客里的错别字，原来不经意间自己竟与仰慕好久的"图林五散人"有过文字接触，感触良多。

在为这个结果欢喜与震惊的同时，对这个探寻的过程中自己所表露出的能力欠缺也大有感触：

（1）信息分析能力：第一次浏览"广州阿华田"的博客，并未提取出最为关键的有效信息，导致在接下来的探寻过程中多走了不少弯路（虽然明白这个与自身知识水平与知识结构不过关大有关联）；

（2）信息检索能力：以前以为检索很简单，看点目录分类方面的知识就能大行搜索世界，后来逐渐发现其实都是无知与视野短浅惹的祸，不得不承认下个学期开始的检索课程是自己必须万分认真对待的。

前几天，在一个 QQ 群里发现"广州阿华田"竟然传奇般地存在，禁不住惊叹道：原来"图林五散人"距离自己那么近，就在自己的身边！

当自己决定回顾与记录自己图书馆学之路一年里的点点滴滴的时候，发现这段是最具意外色彩的记忆，简单记录以回味之。

任 勇

2012 年 6 年 26 日

（本文作者当时为湘潭大学公共管理学院知识管理系 2011 级本科生。2015 年 6 月毕业后至今担任株洲景炎学校图书馆馆长。）